AF347761

DET FRIA SVERIGE
Årsbok 2018

DET FRIA SVERIGE
Årsbok 2018

Publicerad 2019 av Det fria Sverige.

Tryckt i Storbritannien.

ISBN 978-91-984411-4-7

www.detfriasverige.se

Innehåll

INLEDNING

Att tänka annorlunda

Dan Eriksson
Ordförande och medgrundare

Gamla hjulspår är ofta bekväma att köra i, och allt för ofta har man valt att bara fortsätta på samma sätt som tidigare. Man vet hur det fungerar, man känner sig trygg och man behöver inte ta några onödiga risker.

Min övertygelse är att den nationella oppositionen i Sverige sedan länge valt de gamla hjulspåren, trots att vi gång på gång har sett var de leder någonstans. Detta har man så klart inte gjort av illvilja eller feghet, utan för att ingen riktigt sagt att vi kanske bör prova en annan väg för att nå fram till målet när de gamla hela tiden leder fel.

Att jaga röster i parlamentariska val, hålla demonstrationer och torgmöten har absolut sin plats i en folkrörelse som på allvar vill förändra vårt samhälle i grunden. Med tiden måste nationellt sinnade svenskar fylla parlamenten, och en levande aktiviströrelse som blir en naturlig del av gatubilden är ett måste för nyrekrytering och informationsspridning, i synnerhet om möjligheten till att använda internet försvagas, vilket mycket tyvärr tyder på idag.

Problemet för den nationella oppositionen har varit att man velat göra allt på samma gång, men utan att ha det mest grundläggande fundamentet klart. En förändring i inställningen kunde skönjas med en betydligt seriösare publicistisk verksamhet som tog ordentlig fart i mitten av 2000-talet med Nordiska Förlaget (som senare blev Arktos) och Arminius (som senare blev Logik förlag). Förståelsen för att politiken är nedströms från kulturen, att vi först måste förändra människors sätt att tänka innan vi kan ändra deras sätt att rösta, blev allt mer utbredd.

Tack vare internets framväxt kunde också alternativa medier slå igenom på bred front, och plötsligt kunde en allt större skara människor ta del av dels ocensurerade nyheter om massinvandringens konsekvenser, men också analyser, krönikor och kulturartiklar ur ett perspektiv som aldrig skulle publiceras i det som numer kallas för gammelmedia.

Det råder ingen tvekan om att den här utvecklingen var starkt bidragande till Sverigedemokraternas riksdagsinträde 2010, och deras fortsatta tillväxt åren efter det. Men för den etnonationalistiska oppositionen – den opposition som på allvar talar om svenskarna som ett faktiskt folk och har storskalig återvandring högst upp på agendan – har de parlamentariska framgångarna uteblivit, vare sig det rört sig om Svenskarnas parti, Nordiska motståndsrörelsen eller Alternativ för Sverige.

Det finns därför all anledning till självkritik från oppositionen, och en ordentlig diskussion kring varför man inte lyckas nå sina mål. Att skylla ifrån sig på att väljarna är "korkade", eller gnälla över att man blir orättvist behandlade i medierna duger inte. Det är bortförklaringar för att slippa se sina egna brister och formulera åtgärder för att lösa dem.

I Tyskland, där jag tillbringat närmare tio år av mitt liv innan det var dags att vända hem till Sverige igen, har man länge talat om den tredelade strategin; kampen om huvudena, kampen om gatorna och kampen om parlamenten. Dessa hänger alla ihop, men de behöver också prioriteras i rätt ordning för att nästkommande del ska bli så framgångsrik som möjligt.

Kampen om huvudena handlar om att förändra hur folk tänker. Inte bara realpolitiskt, utan hur de ser på sig själva och sin omvärld. Det är den metapolitiska kampen för att få människor att tänka nationellt.

Kampen om gatorna handlar om att obehindrat kunna sprida vårt budskap. Under lång tid har vänstern och andra människor med tveksam syn på yttrandefriheten kunnat störa ut våra torgmöten och skrämma lokaluthyrare. För att vinna kampen om gatan måste vi se till att säkra våra torgmöten från ordningsstörande element och upprätta våra egna möteslokaler dit vi kan bjuda in såväl medlemmar som allmänheten.

I en modern kontext kan också kampen om gatorna ses handla om vår möjlighet att uttrycka oss och sprida vår information på nätet. Där står vi nu inför stora utmaningar när nationalister spärras från sociala nätverk, domännamn beslagtas och betaltjänster stängs av. Vill vi vinna kampen om den digitala gatan måste vi alltså hitta lösningar på de här problemen.

Kampen om parlamenten är den sista delen som endast är möjlig om de två första delarna genomförts rätt. När tillräckligt många huvuden har vunnits, och vi har säkrat vår möjlighet att ostört föra ut vår information och föra dialog med vårt folk, då kan också de parlamentariska framgångarna följa.

Det behöver inte alls vara så, kanske är det inte ens önskvärt, att det är en och samma organisation som för kampen på alla tre plan. Tvärtom finns det stora fördelar med en nationell opposition som är en folkrörelse i dess rätta bemärkelse; en mosaik av aktörer som fyller olika funktioner och lägger olika pusselbitar.

Lanseringen av föreningen Det fria Sverige har föregåtts av åratal av diskussioner, främst mellan undertecknad och Magnus Söderman, men också med andra nationellt sinnade aktivister, författare och ledargestalter om de här frågorna. Under åren har en förståelse för vad som saknas i den svenska nationella oppositionen växt fram, och när vi väl hade haft vårt eureka-ögonblick gick det hela ganska snabbt från ax till limpa.

Det fria Sverige grundades med ambitionen att framförallt agera inom de två första delarna av den tredelade strategin; kampen om huvudet och kampen om gatorna.

Kampen om huvudena förs genom att dels vara en intresseförening för det svenska folket, men framförallt genom bokutgivningar, dagliga kommentarer och analyser i nätradio och nättidning samt föreläsningar och diskussionsträffar. I detta egentligen intet nytt för den nationella oppositionen, även om vi intensifierat och många gånger professionaliserat arbetet jämfört med tidigare aktörer.

Den stora skillnaden för hur vi vill arbeta annorlunda är istället i kampen om gatorna. Vi har medvetet valt att i dagsläget inte vara en traditionell gatuaktivistorganisation. Men kampen om gatorna är så mycket mer, och det är här Svenskarnas hus blir en avgörande del av vårt arbete.

Genom att införskaffa, renovera eller bygga våra egna mötesplatser kan vi garantera att kunna hålla våra föreläsningar och möten utan att riskera avbokningar från skrämda lokaluthyrare. Genom att hålla husen öppna för allmänheten vid valda tillfällen kan vi ge det svenska folket en chans att träffa nationalistiska företrädare utan att störas av vänsterelement.

Runt dessa hus, som kommer att bli naturliga mötesplatser för nationellt sinnade, kommer det efterhand rent naturligt att växa fram alternativa strukturer. En del medlemmar och andra sympatiskt inställda kommer att vilja bosätta sig i närheten, andra att tillbringa flera helger om året där och några kommer till och med starta företagsverksamhet i och runt husen.

Genom dessa alternativa strukturer kan föreningen ta tag i det viktiga sociala arbetet på de orter där vi etablerar oss.

Där ska vi på allvar kunna leva nationalismen; där ska vi kunna bygga våra exempel som kommer vara bättre reklam för vår sak än miljontals flygblad. Kampen om gatan och kampen om huvudena är nämligen intimt förknippade med varandra.

Vad framtiden bär i sitt sköte är så klart svårt att sia om, men vi kan vara säkra på att tiderna kommer att bli tuffare för svenskarna i Sverige.

Har vi gjort vårt arbete rätt kommer då våra områden, där vi etablerat Svenskarnas hus och våra alternativa strukturer, kunna fungera som oaser i det allt mer sammanfallande och balkaniserade Sverige runt omkring oss.

Föreningen har haft ett framgångsrikt första verksamhetsår. Fram till årsmötet 2019 har nästan 1 500 svenskar löst medlemskap, och även om inte alla dessa är kvar som betalande medlemmar är det ett styrkebesked för vår förening. Vi lyckades dessutom samla in över en miljon kronor för att köpa loss den första fastigheten för Svenskarnas hus, där också årsmötet 2019 kommer att hållas.

Fastigheten, som ligger i Älgarås i Töreboda kommun, kunde vi köpa för 450 000 kronor. Den erbjuder stora möjligheter med sina ytor, och sitt strategiska läge mitt emellan Stockholm och Göteborg och i en ort med några av de billigaste huspriserna i Sverige. Samtidigt har den ett stort renoveringsbehov innan vi har nått den fulländade visionen av vad det första huset ska bli, och vi räknar med att behöva investera åtminstone en och en halv miljon kronor till i huset innan allt är på plats. Därför har vi upprättat en husfond som vi hoppas ska samla in 50 000 kronor i gåvor varje månad, samtidigt som verksamheten i huset sätter igång och stärker ekonomin ytterligare.

Det första verksamhetsåret har haft två tydliga fokus: Etablera föreningen och rekrytera medlemmar samt samla in pengar och hitta den första fastigheten som ska bli ett Svenskarnas hus. Detta parallellt med det viktiga arbetet med nättidningen och nätradion Svegot, som på daglig basis når ut till tusentals svenskar med våra perspektiv på dagsaktuella händelser och eviga spörsmål.

När vi nu går in i vårt andra verksamhetsår så måste fokus skifta, och våra två stora fokusområden kommer att ligga på att dels arbeta med och utveckla arbetet i och kring Svenskarnas hus i Älgarås, samtidigt ska organisationen styras upp, och till årsmötet 2019 ligger en proposition om införandet av lokalföreningar (utfallet av den propositionen är inte känt vid tiden då denna årsbok trycks).

Precis som vi presenterade vid lanseringen den 25 november 2017 är vårt mål att öppna fler Svenskarnas hus två år efter att vi öppnat det första, och därför måste alla medlemmars och styrelsens fokus vara att göra detta första hus till det bästa möjliga. Det kommer att bli en förebild för hus runt om i Sverige, och det kommer att vara avgörande för den bild vi vill förmedla av föreningen och dess verksamhet.

Det andra fokusområdet för organisationen beror på vad årsmötet 2019 beslutar. Men om förslaget om kommunföreningar klubbas igenom, vilket är min innersta önskan, så kommer de kommande två åren bestå av mycket arbete med att styra upp kommunföreningarna och få deras verksamhet att rulla smärtfritt.

Målet är att de kommunföreningar som visar framfötterna mest, representerar de kommuner där de nästa Svenskarnas hus ska öppnas, och dessa ska i sin tur drivas av kommunföreningarna.

Det har varit en ära att få ha varit föreningens
första ordförande, och blir jag omvald av års-
mötet ska det bli en inspirerande utmaning att se
verksamheten i Svenskarnas hus växa fram och
dessutom se många kommunföreningar etable-
ras och komma igång med sin verksamhet.

Vi kan och ska vara stolta och glada över vad
vi åstadkommit hittills, men vi får absolut inte
vara nöjda. Det fria Sverige är ett långsiktig pro-
jekt, vi har ett generationsperspektiv i allting vi
gör. Så gläds åt vad vi åstadkommit, men nu är
det dags att lägga i nästa växel och ta nästa steg
i kampen om huvudena och gatorna.

Föreningens första år

Den 25 november samlades ett 15-tal personer i ett konferensrum i centrala Berlin. Datorer och kameror monterades och efter ett flertal testkörningar var det så dags för begivenheten för dagen att börja: en presskonferens som kallats till av den nystartade föreningen Det fria Sverige. Det visste ingen annan än den handfull personer i rummet då det framförallt var via de två fria medieprojekten Motgift och Ingrid & Conrad som kallelsen gått ut.

Spekulationer fanns det gott om, men ingen av alla de som försökt sig på att gissa hade gissat helt rätt. Några kom dock ganska nära verkligheten. När väl sändningsknappen trycktes ned och direktsändningen startade kunde man lägga ihop ett och ett. Det var dags att lansera Det fria Sverige.

Föreningens ordförande, Dan Eriksson, inledde lanseringen och presenterade föreningen. Följande var vad han sa och det återges här ordagrant.

DAN ERIKSSONS ANFÖRANDE

[applåder]

Tack så mycket! Tack så mycket till er därhemma som har tagit er tid att, antingen vara med nu och titta live på presskonferensen, eller tittar i efterhand.

Vi har väldigt mycket att presentera idag och vi har ju pratat om det här under en lång tid, så jag ska försöka komma till poängen så snart som möjligt. Men jag behöver ge lite bakgrundsinformation först.

Vi som har valt att dra igång det här alternativet, som jag kommer berätta om snart, har alla olika erfarenheter av den nationella oppositionen. Men vi har kommit fram till en del gemensamma slutsatser. En grundläggande sådan är; de strategier som vi utformar måste bygga på en realistisk analys. De kan inte bygga på en fantasivärld, de kan inte bygga på bara svulstiga drömmar om en snabb förändring. Vi ser att något annat är mycket mer troligt.

Den nationella oppositionen i Sverige har tagit sig många uttryck och många former. Men i mina ögon – och jag tror att jag talar för resten av personerna som kommer komma upp på scenen idag – har vi inte tagit det långsiktiga perspektivet, utan vi har hoppats på snabba förändringar, vare sig det är valresultat eller någon mer gatukampsinspirerad förändring. Det är det här vi har kommit fram till och som vi vill göra någonting åt.

Det gäller först att titta på hur Sverige faktiskt ser ut, och vad som är realistiskt att se in i framtiden. Den här stapeln [presentation med befolkningsförändring 2000-2014 visas i bild] som ni ser är från 2014. Och vi vet alla att 2015/2016 slog Sverige nya rekord i massinvandring. Om ni tittar på den där stapeln så ser ni att förändringen år 2000 till år 2014 för dem med s.a.s. utländsk bakgrund, alltså icke-svenskar, var en ökning med 981.000. Medan det för svenskar var en minskning med 118.000. Alltså – "de" gick fram med en dryg miljon. När den här statistiken togs fram, då hade man räknat på att svenskarna skulle vara en minoritet i Sverige till 2041. Det är baserat på de här siffrorna. Då visste man inte om 2015. Då visste man inte om att det skulle accelerera ännu mer. Följer man genomsnittsinvandringen de senaste åren, så kommer den här förändringen ske ännu fortare, vi pratar kanske om 2035-2030. En del av er som tittar nu: Ni kanske precis har fått barn – de kommer inte ens ha gått ut skolan då.

Och tittar man på en ännu jobbigare siffra, så är det människor i den yngre åldershalvan; de mellan 0-44. Där ökade icke-svenskar med 572.000 medan svenskar gick minus 265.000. Vi har en åldrande befolkning, och återigen; det här var innan 2015. Vad var det stora 2015? – Jo, det var s.k. "ensamkommande flyktingbarn" – unga män i vapenför ålder som dessutom fortfarande inte har bildat familj, fortfarande inte skaffat de kanske fyra-fem-sex barn som de kommer skaffa. Tittar man på den här – och återigen, det här är gamla statistiken, innan 2015 – så skulle svenskar vara en minoritet i Sverige i den här åldersgruppen [0-44 år] 2031. Med de nya siffrorna, med det nya genomsnittet, är det 2024. 2024 – det är sju år kvar till att svenskar är i minoritet i den ålder som man fortfarande kan få barn som kvinna.

Så vi måste vara realistiska för hur det här kommer att utvecklas. Det kan göra ont, men det är nödvändigt för att vi ska kunna fatta rätt beslut. Och sanningen gör ont, men sanningen är den att svenskarna kommer bli i minoritet i Sverige. Vi kommer vara den största minoriteten för lång tid framöver. De andra minoritetsgrupperna, de är inte en homogen massa; de bråkar inbördes. Religiöst, etniskt, klanmässigt; allt möjligt. Men! – Vi kommer bli en minoritet. Och vi kommer att se hur de andra etniska grupperna i Sverige kommer att organisera sig ännu mer. Vi har redan idag Judiska församlingen, Turkiska föreningen, Afrosvenskarnas riksförbund, Romernas riksförbund; det finns massor av sådana här organisationer som företräder de här folken i Sverige, och de kommer göra det ännu starkare och de kommer att göra det med ännu mer statliga pengar så länge vi inte ser en snabb politisk förändring, vilket tyvärr inte verkar troligt.

Samtidigt kommer vi få se hur yttrandefriheten på Internet kommer att inskränkas. Vi ser det redan nu. Det finns flera sajter som redan har drabbats av att bli av med domännamn, det är svårt att få tag på servrar. För er som har lyssnat på Motgift, det program som jag arbetar med till vardags, så har vi också pratat om det här med Internetpyramiden; absolut, vi kan sätta upp våra egna servrar. Vi kan t.o.m. sätta upp våra egna domänregistrar, men i slutändan måste det här skötas via betalningar; Visa, Mastercard, PayPal. Ska vi starta ett eget Visa? – Prata med Världsbanken och se hur sugna de är på ett nationellt Visa... Alltså, yttrandefriheten kommer strypas på nätet, och därför kan inte vår lösning och strategi bara vara digital – även om vi såklart skall använda nätet så mycket som möjligt, så länge vi kan.

Vi kommer också få se en fortsatt galen politisk utveckling, där vi kommer se mer pengar gå till icke-svenskar. Vi kommer se hur svenskar tvingas arbeta längre. Vi kommer se hur svenskar kommer få betala högre skatter. Dessutom kommer vi få se ännu mer kvoteringar. Vi kommer få se ännu mer svenskfientliga lagförslag som kommer gå igenom i Sveriges riksdag.

Dessutom – och det här är viktigt att förstå – den välfärdsstat som Sverige, och socialdemokratin framför allt, har byggt upp under de senaste hundra åren, kommer krackelera. Vi ser redan idag hur den drar sig undan ifrån område efter område där den borde kunna göra nytta. Vi ser redan idag hur den svenska sjukvården går på knäna, samtidigt som det verkar finnas oändliga resurser till att genusanpassa toaletter, eller kasta pengar på invandrare som kommer till Sverige. Välfärdsstaten kommer krackelera, och det kombinerat med att vi svenskar kommer bli en av många minoriteter i vårt land, gör att vår analys och vår strategi måste tänkas om ordentligt.

Det är också så att vi kommer få ännu fler nogo-zoner, och de kommer vara mycket värre än vad vi ser idag.

Det kommer finnas ännu fler områden i Sverige där svenskar inte kommer kunna röra sig tryggt. Med tiden kanske t.o.m. att de här [zonerna] blir som en typ av gated communities; att de blir helt inhägnade med egna shariapoliser, eller vad som nu behövs för att hålla svenskarna borta. Detta på svensk mark!

Så nu står vi här och har tre val: Det första – det är att konstatera att det är så här, ägna livet åt knark och porr, och gå under. Det andra – blunda hårt, hoppas på mirakel och snabba förändringar. De behöver inte vara exakt likadana, men man gör något av de tre; man går och hoppas på att det ska lösa sig, eller man bygger sin strategi på en drömanalys på vad som ska hända i framtiden. Det tredje – det är att lägga upp en långsiktig strategi för framtiden att organisera oss, förbereda oss på den framtid som med största sannolikhet väntar oss.

Så därför vill jag idag presentera – Det fria Sverige.

Det fria Sverige är vårt svar på den här framtiden. Det här är den strategi vi lägger upp för framtiden efter att ha gjort den här analysen. Så vad är Det fria Sverige? – Det fria Sverige är många saker, så låt oss bena ut det här.

Det fria Sverige är en intresseförening för svenskarna, och vad betyder det? – Jo, det betyder att vi ska kräva, precis som andra minoritetsgruppers intresseföreningar, att få vara en aktiv del i debatten.

Och även om vi inte släpps in i gammelmedia så kommer vi ta plats på olika sätt för att stå på svenskarnas sida, för att företräda svenskarnas intressen. Det kan vara medialt, men det kan också vara handgripligen; där svenskar utsätts för svenskfientlighet ska Det fria Sverige kliva in som en intresseförening för svenskarna.

Det ska också vara en social rörelse för svenskarna, och jag kommer komma in mer sen på hur det kan gå till, men jag pratade tidigare om hur välfärdsstaten kommer krackelera och där krävs det att Det fria Sverige kliver in och tar det ansvar som den gamla förruttnande staten inte kommer kunna ta.

Vi kommer också arbeta med folkbildning för svenskarna; lära dem om deras historia, om deras kultur, om deras diktare, om deras författare, och såklart – om deras rätt till deras eget fosterland. Folkbildningen är en gammal fin svensk tradition som har perverterats av kulturmarxister. Vi tar upp den facklan och ska agera folkbildande för svenskarna.

Och dessutom är vi en gemenskap för svenskarna – och det här kommer vi se till att bli genom att säkra platser som tillhör Det fria Sverige. Så låt mig berätta om hur det går till.

Vi har delat upp de första fem åren i tre faser som vi kommer gå igenom.

Den första fasen är det vi börjar nu idag – det är lanseringsfasen – där vi kommer arrangera månatliga träffar med informationsmöten om vad vi ska göra. Vi kommer vara aktiva i debatten på olika sätt, både på nätet och där det kan behövas. Och – vi kommer börja insamlingen till Svenskarnas hus. Svenskarnas hus är hjärtat, det är grunden, i Det fria Sverige. Det är en samlingslokal som är öppen varje dag, dit svenskar kan komma, där det finns massor av verksamheter som jag kommer berätta mer om. Men den ska finnas som ett ställe dit du vet att du kan åka, dit du vet att det finns nationalistiska svenskar. Vi kommer varje lördag arrangera tillställningar med tal, föreläsningar o.s.v. dit man kan komma för att lyssna på nationalistiska företrädare från Sverige, men ibland kanske vi flyger in utländska digniteter också. Dessutom ett utmärkt tillfälle; kom och ta en kaffe och lär känna andra nationellt sinnade svenskar, för det här nätverket kommer vi behöva.

Vi kommer där, och allt det här blir såklart i mån av plats och hur lokalen kommer se ut, att ha ett bibliotek. Och där har vi redan talat med nordens största alternativa bokförlag, som kommer att bistå oss med en fantastisk uppsättning böcker. Dessutom har vi flera privata samlare som är beredda att låna ut eller donera sina samlingar, så att svenskar ska kunna ta del utav den här mycket viktiga litteraturen.

Ett gym – självklart. En sund tanke i en sund kropp. Dit svenskar, medlemmar i Det fria Sverige, kan komma och träna gratis. Där man kan få instruktioner och hjälp av svenska nationalister som kan det här med träning. Så ett gym är absolut någonting som ska finnas i Svenskarnas hus.

En tv- och podcaststudio – flera utav oss som är med i projektet driver mediaprojekt, några i Sverige, några i Tyskland, några på andra sidan

Atlanten. Kan vi sammanföra de här projekten och ha en gemensam studio – lägga våra resurser tillsammans – det är egentligen bara fantasin som sätter gränser för vad vi kan producera och hur vi kan manövrera ut de gamla drakarna.

Ett café – jag pratade om att ha en samlingslokal som är öppen varje dag. Om möjligheterna finns, så ska där såklart finnas möjligheter att komma in och köpa sig en bulle och en kaffe – och träffa nationalister och prata.

Lekplats – vi som nationalister värnar såklart kärnfamiljen och det är oerhört viktigt att man kan komma dit med hela familjen. Det är inte bara en samlingsplats för aktivistiskt lagda män eller en syjunta för kvinnor, utan det är en plats för hela familjen. Därför – medan pappa lyssnar på ett tal, kan barnen leka på lekplatsen utanför. Och där kan man också bygga det här nätverket med andra familjer som är så oerhört viktigt.

Fas två – räknar vi med att det är om ungefär ett år från nu – då har vi öppnat det första Svenskarnas hus. Och jag kan säga att vi redan nu har ett antal områden som vi kollar extra mycket på, men vi kan av säkert förståeliga skäl inte säga exakt var det här är. Men om ungefär ett år räknar vi med att öppna det första Svenskarnas hus och direkt dra igång verksamheten.

I fas två handlar det såklart om aktiviteten i och runt Svenskarnas hus. Och det är precis samma som i första [lanseringsfasen] här; det kommer vara en samlingslokal som är öppen varje dag och träffar varje lördag. Det handlar såklart också om att hela organisationen ska få rutiner på plats i det här huset – för det här är bara det första av många, många steg. Sen kommer vi då igång med vårt sociala arbete på orten – jag var inne på välfärdsstaten; hur den drar sig undan och vad vi måste fylla för roll. Hur vi kan se till att hjälpa äldre, sjuka, unga – det spelar ingen roll, det finns så mycket som vi kan göra för att vara en positiv kraft där vi hamnar. Det fria Sverige – det är inget konstigt, det är inget hemligt – alla är välkomna att komma och prata med oss, alla är välkomna att deltaga på våra arrangemang. Vi vill ge tillbaka till vårt folk – och det kan vi bara göra genom det sociala arbetet i vardagen.

Och – såklart – bygga ut och utveckla det första huset, så att det kan bli bättre med tiden.

Fas tre – och det är nu det börjar bli riktigt, riktigt intressant – i fas tre lägger vi grunden för Det fria Sverige. Vi har ett Svenskarnas hus på plats, vi har aktivitet som pågår hela tiden. Ungefär tre år från dess räknar vi med att öppna upp fler Svenskarnas hus runt om i landet, så att alla inte alltid behöver åka till samma ställe. De här husen kan ha lite olika inriktning, men samma grundprinciper.

Dessutom – uppköp av fastighetsbestånd. Det räknar vi med att kanske börja med tidigare, vi har ett antal objekt som vi kollar på nu, som ägs av Det fria Sverige. Där svenska familjer, svenska studerande – vad det nu är för typ av fastighet – kan hyra sig en bostad till ett mycket, mycket förmånligt pris. Så att vi bit för bit köper tillbaka det land som har bestulits oss.

Och det här gäller ju då också sen att ta över, eller starta upp verksamheter i de områden där Svenskarnas hus växer fram. Alltså; restauranger, caféer, biografer – vad det än är som gör den här orten levande, eller som behövs där, det ska drivas av Det fria Sverige. Det ska vara en del av Det fria Sverige.

Det fria Sverige är en ideell förening och det är medlemmarnas förening – och när jag säger det, finns det saker jag vill poängtera här, och det är väldigt viktigt för det finns misstag som den nationella oppositionen har gjort tidigare.

Alla medlemmar i Det fria Sverige har 100 procent medlemsinsyn i bokföringen; man får ta del av den vid varje årsmöte och man kan också begära ut att få ta del av den som medlem.

Vi kommer också ha – såklart – total transparens kring styrelsens beslut. Det finns inga hemligheter, inga konstigheter. På vår hemsida – detfriasverige.se – kommer medlemmar kunna ladda ned alla protokoll från alla möten, och på så sätt veta exakt vad som pågår i styrelserummet.

Det här är en medlemsstyrd förening. Det betyder att; på årsmötet kan medlemmar lämna in motioner och de kan rösta om motioner – och det här är oerhört viktigt, för det är inte tanken att det ska vara ett fåtal i styrelsen som bara sköter och bestämmer allt. Utan det är viktigt att Du som är medlem och har drivet – att Du är så pass engagerad att Du vill vara med och förändra och [avgöra] vilken riktning vi tar och så vidare. En medlemsstyrd förening är Det fria Sverige.

När folk säger att de inte har något att dölja, så brukar de ha något att dölja – [skratt från övriga i lokalen] – så det är lite konstigt det här [punkten "Vi gör inget fel, och har inget att dölja!" i presentationen]. Men jag tycker att det är viktigt att poängtera än en gång; den nationella oppositionen har gått och gömt sig på hemliga platser, vägrat prata med media, tittat argt på folk som går förbi. Varför då? – Det vi gör är ju det mest naturliga i världen. Att vara nationalist är det mest naturliga. Det är inga konstigheter – "Kom in! Ta en fika! Prata. Har du hört några fördomar om oss? Du är välkommen in och prata!" – sen måste man inte hålla med oss. Men det är inga konstigheter.

Vi tänker inte gömma oss och vi ska inte behöva gömma oss i vårt eget land. Svenskarnas hus – adressen kommer stå på hemsidan – kom dit, ta en kaffe, prata med oss! Vi har inget att dölja.

Jag tycker att det är så oerhört viktigt att man förstår att det här är vad vi nu måste göra som opposition för att gå framåt och ta det viktiga nästa steget.

Jag vill att du förstår och ser på Det fria Sverige – som grunden till det som en dag ska ta över den här förruttnande staten. Se ditt medlemskap som ditt medborgarskap i Det fria Sverige.

Se din medlemsavgift som din frivilliga skatt som du betalar in till Det fria Sverige – för Det fria Sverige beskriver exakt vad det är vi vill.

Alltså – "Vilka är ni?" – Vi är Det fria Sverige. "Vad vill ni?" – Vi vill Det fria Sverige.

Och vi kommer skapa Det fria Sverige, hektar för hektar, människa för människa.

Så gå in idag på detfriasverige.se – "jag ska se vad klockan är, om hemsidan är uppe... Om nio minuter!" – och bli medlem på detfriasverige.se. Som medlem får du såklart närvaro-, motions- och rösträtt vid årsmötet. Läs igenom stadgarna för exakta detaljer för hur det fungerar.

- Du får full insyn i föreningens bokföring, så du vet att varje krona används på bästa möjliga sätt.

- Du får tillträde till samtliga utav föreningens evenemang, om det är stort intresse så är det såklart i mån av plats.

- Du får också tillgång till en medlemspodcast som kommer komma en gång i veckan från medlemmar i föreningsstyrelsen och en del annat medlemsexklusivt på den här hemsidan, t.ex. ett medlemsforum.

- Du får också skriften "Föreningen och visionen", som beskriver den här analysen mer utförligt och mer i detalj; vad det är vi vill och hur det ska gå till. Den skickar vi till varje medlem.

- Sen får du också en bunt blandade klistermärken så att du kan sprida Det fria Sveriges ord.

- Men kom ihåg att bara sätta upp dem där det är tillåtet [småskratt hörs i bakgrunden].

- Och ett medlemskort! Det är dessutom så, att de första hundra medlemmarna får ett sånt här – Guldkort [Dan håller upp medlemskortet av guldvalör] – för att visa att man var utav de första hundra. Där står såklart ens medlemsnummer, och så vidare, som man kan ha med sig i all evighet.

[Här är inledningsanförandet slut och lanseringsmötet fortsätter]

ETT ÖVERVÄLDIGANDE MOTTAGANDE

Lanseringen avlöpte utan några missöden och när det sista talet var avklarat och sändningen över var det bara att vänta på reaktionerna.

Nog trodde vi alla att idéerna skulle tas väl emot hos många, men fler än 100 medlemskort hade vi inte tryckt upp. Det skulle vi bittert ångra några timmar senare!

Tillsammans gick vi glada i hågen från lanseringen. Bord var bokat på en restaurang men innan dess strålade vi samman med några fler vänner för att skåla för det fria Sverige och Det fria Sverige.

Några timmar hade då gått och det var nu vi började förstå vad vi satt igång. Dan Eriksson äskade tystnad, tittade på sin telefon och konstaterade att vi redan nått 100 medlemmar. Snart nog 200 medlemmar. Sedan 300. Så fortsatte det under kvällen och skålarna avlöste varandra medan ringarna spreds på vattnet.

Det första mötet vi hade efter lanseringen handlade om att krishantera.

Det stod omgående klart att vi inte hade tillräckligt av någonting. Medlemskorten vi tryckt upp tog slut på en timme och allt annat som skulle skickas ut till medlemmarna (välkomstfolder, visionsskriften och blandade klistermärken) var också puts väck.

Förutom detta bekymmer dök det hela tiden upp fler frågor (om logistik och registerföring, med mera).

Allt detta sköttes från Motgifts kontor i Berlin; så var det sagt och så fick det bli eftersom man där hade såväl utrymme som erfarenhet. Men samtidigt som de skulle sköta föreningens administration skulle ju också medieprojektet drivas.

Det blev till sist övermäktigt och förstärkning i form av tyska kamrater fick kallas in och på Motgiftkontoret brann flitens lampa dygnet runt. Först i slutet av februari var man ikapp. Det visade sig nämligen att för varje medlem man hann packa, så hade åtminstone en ny kommit till.

Aktiviteterna tar fart

Redan från start har vi understrukit att DFS är en förening som bygger på medlemmarnas deltagande. Om något ska ske där man bor så måste man själv få det att hända – med benägen hjälp från föreningen så klart. I grund och botten handlar det om att man inte kan ge konstgjord andning och slösa resurser där intresse för verksamheten inte finns. Om intresse finns däremot – även om det bara är ett fåtal personer – så finns det stöd att få.

Ganska snart kom så aktiviteterna igång. Det fria Sverige vill erbjuda medlemmarna en plats att bygga sina egna nätverk på. Därför är våra träffar av social karaktär. Inledningsvis hade vi från styrelsen som idé att åka land och rike runt för att genomföra informationsmöten, men denna taktik övergavs ganska snart eftersom det finns mycket bättre (och framförallt mer kostnadseffektiva sätt) att göra det på genom att använda internet. Ju mer internet begränsas, desto troligare är det att den formen av mötesverksamhet blir aktuell och när så sker är vi redo för det. Men så länge vi kan använda de verktyg som erbjuds av olika sociala medier o. dyl. så är det rätt väg att gå. Det var i samma anda som vårt första årsmöte hölls över nätet. Varför spendera stora summor av medlemmarnas pengar på ett sådant arrangemang när det finns utmärkta redskap att göra det nästan gratis (samt möjliggöra för alla att vara med)? Annorlunda blir det så klart, när vi har Svenskarnas hus att utgå ifrån.

48 evenemang kan vi lägga till handlingarna när DFS-året är till ända. Två minnesvärda evenemang (minnesvärda av olika skäl) förtjänar ett extra omnämnande här. Det ena var informationsmötet i Lund, det fjärde evenemanget från starten, vilket attackerades av antifa.

Självfallet var detta ett misslyckande för arrangörerna på plats och för föreningens styrelse, men det var samtidigt en välbehövlig påminnelse om att det tyvärr finns vissa som anser att de har rätt att använda våld och hot om våld för att hindra andra att träffas och umgås.

Närvarande på plats gjorde vad de kunde och ett särskilt omnämnande för rådigt agerande tillfaller Stefan Jacobsson från föreningens vänner hos Logik förlag, samt Daniel Frändelöv från styrelsen. De ådrog sig lindriga skador under tumultet i Lund då de skyddade de personer som befann sig i den lokal som var hyrd för evenemanget.

Förutom lärdomarna vi drog från Lund gjorde den attacken det ännu tydligare för oss hur viktigt det är med våra egna platser – alltså Svenskarnas hus – istället för att vara utlämnade åt att ta vad som erbjuds, vilket inte alltid är det bästa för stunden.

Värt att påpeka i sammanhanget är att samtliga övriga evenemang under året har avlöpt utan några som helst störningar.

Det andra evenemanget som är värt att minnas lite extra är sommarfesten som genomfördes en bit utanför Örebro i juni. Alla som var där minns den med värme (och det inte bara på grund av den heta sommaren).

Förutom god mat och trevligt umgänge fanns det flera olika organisationer och butiker inbjudna, såväl som hantverkare, vilket gav besökarna mycket att göra om de tröttnade på att äta och prata.

Dagen var lång, men det fanns något för alla. Barnen togs om hand och fick leka, hoppa i hoppborg och bli ansiktsmålade medan mamma och pappa kunde få en stund för sig själva (självklart var allt gratis för de små så saft och glass gick åt i stora lass).

På kvällskvisten blev det underhållning med tal och musik, samt en och annan pilsner så klart. Tack vare ett gediget arbete från arrangörer, medarbetare, musiker och ett gott uppslutande från medlemmar och vänner till föreningen så blev sommarfesten en riktigt bra dag.

Flygblad, klistermärken och en kampanj
Att ge sig ut tillsammans med några vänner för att sätta upp klistermärken och/eller dela ut flygblad ger en känsla av tillfredsställelse – det är mer handfast än att skriva på nätet. Också mottagaren kan lockas till att läsa och söka vidare när hon ser att någon värderar informationen så pass mycket att de bestämt sig för att gå runt och dela ut den.

Genom flygblad och klistermärken spelar heller inte mottagarens självvalda "bubbla" på nätet någon roll. Den som ser klistermärken ser dem; den som får bladet får det.

En del av våra medlemmar genomför tillsammans med andra medlemmar större planerade utdelningar där man arbetar målmedvetet och enligt en viss metodik. Andra passar på under kvällspromenaden. Ytterligare andra har några blad och klistermärken i väskan om ett bra tillfälle skulle uppenbara sig för att klistra upp eller dela ut. Föreningen tog, för det ändamålet, också fram visitkort som man kan lägga in i tidningar eller smidigt placera ut när man sitter i ett väntrum någonstans.

Förutom informationsmaterial för Det fria Sverige genomförde föreningen en riktad kampanj under året. Den 24 juni lanserades kampanjen "Legalisera pepparsprej", vars syfte är att driva opinion för att Sverige ska legalisera pepparsprej så att svenskarna ska kunna freda sig själva och därmed öka tryggheten i samhället. Förutom flygblad och klistermärken utgörs kampanjen av en hemsida (legaliserapepparsprej.nu) där vi samlar in namnunderskrifter.

Kampanjen fick en flygande start med tiotusentals utdelade flygblad och uppsatta klistermärken. Snart nog hade över 3 000 personer skrivit under namninsamlingen. Efter sommaren fick kampanjen dock sätta sig i baksätet och den har varit mer eller mindre vilande sedan dess. Men föreningen har inte på något sätt övergivit den utan avser att lägga mer energi på den framöver. Ingen av de övriga aktörerna inom den nationella oppositionen har tagit vid varför vi ser det som vår plikt att blåsa nytt liv i den så fort resurserna finns.

Svenskarnas hus

En av grundstenarna för Det fria Sverige är Svenskarnas hus. När föreningen lanserades så var det en del av visionen vi tryckte extra mycket på. Ett år senare är huset ett faktum. Denna årsbok distribueras för första gången under årsmötet den 30 mars 2019, som hålls i Svenskarnas hus i Älgarås, Töreboda kommun. Att föreningen skulle lyckas med målet att samla in och förvärva den fastighet som blir det första Svenskarnas hus fanns det ingen tvekan om, men det är en grannlaga uppgift som har rotts i hamn! Det kunde dock ha blivit en annan fastighet än huset i Älgarås. Redan månaden innan sommarfesten i juni budade föreningen på en idrottsanläggning med kontor, samlingssal och idrottsplats. Vi kunde dock inte följa med i budgivningen. I efterhand kanske det var lika bra, då huset i Älgarås faktiskt är precis som vi ville ha det med utrymme för allt vi hoppades på.

När man lyssnar på Dan Erikssons lanseringstal i efterhand är det nästan profetiskt: stor samlingslokal, mindre utrymme för café, plats för bibliotek, kontor och studio samt gym var det han sa att vi ville ha i huset. Det är ditåt vi är på väg. Utrymme finns för allt det, och lite till. På utsidan kan vi också ordna med en ordentlig lekplats, samt en trevlig plats för umgänge och utomhustillställningar. Geografiskt sett ligger huset också mycket bra till för många medlemmar, även om det inte är optimalt för andra –

Sveriges geografi gör det mycket svårt att få alla helt nöjda.

För styrelsen var det mycket viktigt att leverera huset till medlemmarna. Det handlar om förtroende; att vi gör det vi lovar. Huset hade däremot inte blivit vad det är om det inte vore för alla medlemmar som varit på plats och hjälpt till. De är för många för att kunna räkna upp här men ni vet vilka ni är. Sist men inte minst ska omnämnas alla som varit med och donerat. Ni äger alla en bit av huset tillsammans.

Effekterna av Svenskarnas hus kommer inte låta vänta på sig. Förutom att vi nu har en plats att samlas på är det också ett exempel på den kraft som föreningen har inom sig.

Sett från ett större perspektiv kan vi också konstatera att svensk nationalism i och med Det fria Sverige nu – för första gången på årtionden – har en offentlig plats för den som är intresserad av att veta mer. Vi är närvarande i det verkliga livet och det kommer ge återverkningar både på närområdet såväl som vidare över landet. Om vi kan göra det i Älgarås så kan vi göra det på andra platser.

Vi är nu inne i fas två, som Dan Eriksson tog upp i sitt lanseringstal. Husets alla delar ska färdigställas och verksamheten komma i ordning.

Det kommer att ta ett tag eftersom vi alla lär efterhand, men vi följer planen som lades fast och att öppna ett ytterligare Svenskarnas hus inom två år ser vi i dagsläget som fullt genomförbart.

Det blir vad vi gör det till och svårare än så är det inte. Det första huset är på plats och styrelsen kommer se till att det används. Sedan är det upp till medlemmarna att hålla det levande genom att besöka det och berätta om det för andra. Det finns inget bättre sätt att visa en vän eller kollega vad svensk nationalism handlar om, än att ta med honom eller henne till huset.

Forumet Fria svenskar

Mötesplatser i det verkliga livet ligger föreningen extra varmt och hjärtat. Men det betyder inte att vi ignorerar eller underskattar möjligheterna till mötesplatser på internet. Alla har inte tid att alltid vara med överallt, så enkelt är det.

Därför utvecklades forumet Fria svenskar som alla medlemmar har tillgång till online. Där kan man knyta kontakter och hålla sig uppdaterad kring vad som händer i föreningen såväl som knyta kontakter mer lokalt.

I skrivande stund är forumet relativt nytt men det har redan börjat blomma ut tack vare medlemmarnas deltagande.

Publicistiskt arbete

Det finns flera förlag som ger ut traditionell och nationell litteratur. Därför ser föreningen det inte som prioriterat att ägna sig åt förlagsverksamhet i någon större utsträckning i dagsläget.

I allt väsentligt kommer Det fria Sverige endast ge ut sådant som direkt kan knytas till föreningens vision och verksamhet, även om vissa språng kan tas för att uppfylla vår plikt mot den svenska kulturen och historien (som med utgivningen av utvalda texter av Verner von Heidenstam).

Detta kan komma att omvärderas med tiden eller om behov uppstår. Föreningen är – tack vare medlemmarna och de ekonomiska muskler som finns (och ska stärkas framgent) – i startgroparna för att kunna ta itu med olika projekt.

Dock trumfar återhållsamhet och gediget förarbete alltid den initiala entusiasm vi alla kan få inför något som ligger oss varmt om hjärtat. Med tanke på våra begränsade resurser så måste vi alltid se till nyttan av det vi företar oss.

Något vi såg nyttan av ganska omgående var behovet av en medlemstidning. Svensk strävan kom därför ut under andra halvan av 2018 med sitt första nummer och utgivningstakten är satt till tre nummer per år inledningsvis. Att ha en medlemstidning fyller flera viktiga funktioner för föreningen.

Först och främst ger det oss möjligheten att kommunicera med alla våra medlemmar som inte är ständigt uppkopplade på nätet.

För internetgenerationen kanske det kommer som en överraskning, men väldigt många svenskar använder internet relativt sparsamt.

Genom medlemstidningen kan vi därför också nå ut till dem med information om vad som händer och sker.

För det andra är en fysisk produkt varaktig på ett annat sätt än det som publiceras på internet och utan tvekan kompletterar det tryckta och det elektroniska varandra.

Slutligen vill vi inte förlora förmågan och glömma bort hantverket. Det finns en lång tradition med tidningsutgivning som vi anser det är lämpligt att vara en del utav.

Risken finns också – den är överhängande – att internet som vi känner det kommer att begränsas och förändras.

Genom att ha en levande utgivning av medlemstidning kan vi fortsätta kommunicera med våra medlemmar oavsett vad som händer. En tidning är också enkel att "skala upp", om det skulle behövas.

Svegot Media

Ytterligare ett av föreningens fundament är att vara opinionsbildande. Detta görs bland annat genom klistermärken och flygblad samt det innehåll som publiceras på föreningens hemsida. Framförallt är det dock Svegot Media som ansvarar för detta genom nyhetssidan svegot.se samt nätradio och podcasts på radiosvegot.se. Svegot Medias uppdrag lyder som följer:

"Syftet med nättidningen är att bredda det svenska medielandskapet och samtidigt lyfta frågor som är viktiga för föreningen, och arbeta för att driva opinionen i en riktning som mer påminner om föreningens idéer."

Svegot Media ägs till fullo av föreningen och allt överskott går oavkortat tillbaka in i föreningen. I skrivande stund får två personer sin utkomst tack vare Svegot Media (dvs. deras löner betalas av prenumerationerna och tas inte från medlemsavgifterna). Förhoppningen är att Svegot Media över tid ska utvecklas från vad det är i dag till en större och mer omfattande media, samt att fler personer ska kunna arbeta heltid med det viktiga arbetet som utförs.

Föreningens mediesatsning imponerar dock redan med dagliga webbradiosändningar och kontinuerlig webbuppdatering.

Uppnådda mål och löften som hållits

Det som präglat styrelsens arbete sedan starten är att inte lova mer än man kan hålla och se till att hålla det som lovats. Vi vet vad som står på spel. Vi vet att blickarna varit riktade mot Det fria Sverige. Somliga har hoppats att vi ska misslyckas. Redan från början beslutade styrelsen att fullständig transparens skulle upprätthållas gentemot medlemmarna. DFS har ingen hemlig bokföring utan varje krona redovisas till medlemmarna. Vidare styrs inte föreningen av nyckfullhet utan av medlemmarna genom årsmötet och varje dokument från styrelsens möten har gjorts tillgängliga till medlemmarna.

Att hålla på detta har varit viktigt av flera skäl, men det primära är att Det fria Sverige förvaltar och anskaffar materiella och ekonomiska värden. Om något är det en grund för misstro, speciellt när det finns kluvna tungor därute som är livrädda för att föreningens vision och strategi ska visa sig bärkraftig. Ju längre tiden går kommer föreningen att ansamla mer ekonomiska resurser och materiella muskler, vilket gör transparensen ännu viktigare, såväl som med lemmarnas inflytande och medbestämmande.

När vi nu ser tillbaka på året som gått – vår förenings första år – så kan vi konstatera att de mål som sattes upp vid lanseringen har uppnåtts. Vi kan också se att det som årsmötet beslutade om vid första årsmötet har uppfyllts. Faktum är att det skett med god marginal. När bokslutet görs kommer allt vara på plus, vilket är fantastiskt för en förening så ung som vår.

Styrelsen kan därför knyta ihop föreningens första år med en känsla av förtröstan och glädje. Vi hoppas ha förtjänat ert förtroende genom hårt arbete.

Nu är det dags att ta itu med år två.

Evenemang under 2018

Den uppmärksamme noterar att också evenemang från 2019 finns medräknade i uppställningen nedan. Detta eftersom att föreningsåret går från årsmöte till årsmöte snarare än nyår. Föreningens årsmöte genomförs under mars månad varje år varför föreningens "nyår" räknas från då. I uppräkningen nedan ingår inte medlemsmöten som genomförts online, inte heller gemensamma arbetshelger vid Svenskarnas hus.

- Medlemslunch i Stockholm – 13/01/2018
- Informationsmöte i Skåne – 27/01/2018
- Medlemslunch i Stockholm med Ingrid Carlqvist och Daniel Frändelöv – 10/02/2018
- Informationsmöte i Lund – 18/02/2018
- Medlemsmiddag i Stockholm med Dan Eriksson – 23/02/2018
- Informationsmöte i Göteborg – 24/02/2018

- Årsmöte 2018 – 10/03/2018
- Medlemskväll i Stockholm med Björn Björkqvist – 05/05/2018
- Vårfest i Skåne med Ingrid Carlqvist och Magnus Söderman – 19/05/2018
- Skaldjursfest på Västkusten med levande musik och tal – 26/05/2018
- Sommarhäng för medlemmar och familjer i Göteborg – 30/06/2018
- Medlemsträff i Västerås – 30/06/2018
- Fika- och planeringskväll i Stockholm – 04/07/2018
- Releasefest i Stockholm: "Från Sverige till Absurdistan" – 11/07/2018
- Grillkväll i Stockholm – 14/07/2018
- Sommarfest i Mellansverige – 28/07/2018
- Studie- och inspirationsresa till Sachsen, Tyskland – 23/08/2018 - 26/08/2018
- Middag och planeringsmöte i Linköping – 01/09/2018
- Familjeträff i Stockholm – 06/10/2018
- Föreläsningskväll i Örebro – 20/10/2018
- Gratis självförsvarskurs för kvinnor – 21/10/2018
- Fiske- och vildmarkshelg i Östergötland – 27/10/2018 - 28/10/2018
- Middag och planeringsmöte i Göteborg – 28/10/2018
- Medlemsfika i Västerås – 28/10/2018

- Medlemslunch i Linköping – 03/11/2018
- Familjeträff i Stockholm – 04/11/2018
- Hedrande av Gustav Adolf den store i Lützen – 06/11/2018
- Ettårsfirande i Göteborg – 24/11/2018
- Ettårsfirande i Rättvik – 24/11/2018
- Ettårsfirande i Sydvästra Skåne – 24/11/2018
- Ettårsfirande i Norrköping – 24/11/2018
- Ettårsfirande i Stockholm – 24/11/2018
- Julbord i Göteborg – 01/12/2018
- Historisk kulturkväll i Örebro – 08/12/2018
- Medlemsmiddag i Linköping – 08/12/2018
- ”Över stock och stenkaka” - En heldag i Stockholm – 12/01/2019
- Familjevänlig friluftsdag i Örebro – 26/01/2019
- Planeringsmöte och middag i Borås – 26/01/2019
- Planeringsfika i Arboga – 03/02/2019
- Föreläsning och middag i Linköping – 09/02/2019
- Vandringsmil med althögerprofil – 16/02/2019
- Lunchträff i Uppsala – 16/02/2019
- Museibesök och middag i Stockholm – 02/03/2019
- Vandring i södra Skåne – 03/03/2019
- Planeringsfika i Västerås – 10/03/2019

- Mamma- och barnträff i Örebro –
  14/03/2019
- Finns det något bakom kulisserna? Dubbla
  föreläsningar i Örebro – 16/03/2019
- Medlemsmiddag i Linköping – 16/03/2019
- Årsmöte 2019 – 30/03/2019

Publicerat under 2018

Förutom medlemsfolder, klistermärken och flygblad så har Det fria Sverige framställt och givit ut:

- Det fria Sverige – Föreningen och visionen (skrift)
- Vårt fädernesland och dess försvar (skrift)
- Svensk strävan, nummer ett (medlemstidning)
- Rätt väg – Rätt val (skrift)
- Verner von Heidenstam – Texter i urval (bok)
- Det fria Sverige – årsbok 2018 (bok)

I uppräkningen ovan ingår inte "profilprodukter" eller elektroniska utgivningar av artiklar etc. då det hade krävt för mycket utrymme.

Vem tror du att du är?

Patrik Larsson
Vice ordförande och medgrundare

När jag fick frågan om jag ville vara med och starta Det fria Sverige, visste jag nog egentligen inte riktigt vad jag gav mig in på. Men ett som är säkert, är att jag då fortfarande levde med myten om den hemske nationalisten. Inåtvänd, rädd, inte allt för intelligent, burdus, fördomsfull och väldigt nära till våld och strid. Han, för det var en han, kunde gärna vara lite elak bara för sakens skull. Det var bilden jag fått presenterad för mig genom livet av vuxenvärlden, skolan, medier och politiker. Jag som inte har någon historia alls inom det som lite slarvigt och i dagligt tal kallas för den "nationella rörelsen", visste helt enkelt inte bättre.

Efter att under några år följt medieprojekt så som Motgift, Ingrid & Conrad med flera, förstod jag att det så klart fanns vettiga, duktiga, kloka och väldigt intelligenta människor i den svenska nationalistiska rörelsen. Annars hade jag ju inte valt att hoppa på. Men att det skulle bli så här bra, att jag skulle ha haft så här fruktansvärt fel, hade jag inte kunnat gissa i mina vildaste fantasier.

Jag blir nu imponerad varje dag. Jag träffar människa efter människa som ansluter sig till oss, och den ena är bättre än den andra. Kloka, öppna, duktiga, bildade, arbetsamma, lojala och rejäla människor helt enkelt. Inte en enda gång under den här tiden, vilket är över ett år nu, har jag träffat på en nationalist som på något vis ens närmar sig nidbilden jag tidigare trodde på.

Bitarna faller nu på plats. Medlemsantalet ökar. Andra organisationers och mediers smutskastning och elaka fantasier verkar inte få fäste. Vi får höra att föreningens arbete redan nu faktiskt räddat liv genom att ge hopp och tro på en bättre framtid. Vi har vårt första hus. Det är lite kantstött och slitet. Men det är vårt. Vi har köpt det för våra egna pengar.

I min inre dialog, har jag dock från tid till annan ifrågasatt mig själv och mitt val. "Vem tror du att du är? Vad ska du kunna göra? Rädda land och folk? Du är inte lite stursk du!" Men när jag alltså ser vår rörelse växa fram, sakta men säkert, blir jag mer och mer övertygad om att det här faktiskt kommer att gå vägen. Alla ni som valt att följa med på den här resan tillhör nämligen ett speciellt släkte, ett släkte som vet att det är naturen som sätter ramarna och reglerna. Vi tror på hederlighet. Vi vet vad som är rätt och fel. Vi är beredda att låta våra förfäder visa oss vägen tillbaka från de irrfärder vi lurats ut på.

Jag förstår nu exakt varför nationalism är så farligt för de som vill styra och ställa i världen. De som är så rädda för att bli ifrågasatta och förlora sin makt och sina förmåner i livet. Vi klarar oss nämligen helt själva. Vi behöver ingen stat. Vi behöver inga andra än oss själva. Nationalismen ger oss också en andlig styrka som är både svår att beskriva och rå på. De kan ta våra pengar och andra materiella ting, men den folkliga och nationalistiska anden finns inom oss i tryggt förvar.

Medlemmar tackar oss gång på gång för det vi gjort och gör. Men är det vi gör så stort egentligen? Personligen låter jag det bara hända, utan någon speciell tanke eller plan. Det är bara att välja att vara öppen och fri. Att inte begränsa sig. Jag väljer att leva Det fria Sverige, och det är faktiskt ganska enkelt.

Mitt första år i Det fria Sverige

Robin Holmgren
Styrelseledamot och medgrundare

När jag skriver detta har jag precis varit ute på en lång promenad med hunden, traskandes i öppna eller isiga traktorspår genom skog och mark, njutit av en levande sol och fågelkvitter som ger förhoppning om att våren är kommen. Den är givetvis inte det, vi luras varje år, men likväl längtar vårt folk efter livets och ljusets återkomst såpass mycket att vi ger förhoppningarna företräde framför vår erfarenhet. Vi rättar vår framtid utefter personlig önskan framför minnet. Årstidernas växlingar är som livet i stort, om än inte lika regelbundna och förutsägbara. Ibland kommer orkanen efter stormen, ibland lyser solen så starkt att vi måste skyla oss samtidigt som elden rasar inpå husknuten.

Vi kan i grova drag planera vår framtid genom studier, arbete, hobbys och familjeliv, precis som vi kan planera för när vi sätter potatis eller torkar ved, vi rättar oss efter hörnstenar i vår tillvaro och agerar inom en begränsad tidsrymd, och genom att göra det bringar vi ordning i kaoset och finner ro i tillvaron. Rutinerna avlöser varandra mellan en och annan oförutsägbar händelse.

Detta, fria svensk, är varför jag var en av de som grundade föreningen Det fria Sverige; hörnstenarna har flyttats, och med deras förflyttning har ett nytt Sverige tagit vid. Ett Sverige vi inte känner igen, men som vi krampaktigt håller fast vid. Det fria Sverige är den nation vi bär inom oss, det är slutmålet i vår strävan.

Det är logiskt för att det är enkelt, och det är enkelt därför att det ligger i vår natur, och naturens lagar är sanningen. Om vi fortsätter att angripa vår tids problem genom att göra samma sak om och om igen så dör vi sotdöden. Vi dör långsamt. Ensamt.

Genom att reflektera över vart vi är så kan vi utgå från något, vi kan ta ut en kompassriktning och ta oss dit vi vill. Vi vill inte bara ta oss från plats A till plats B, vi vill nå den plats som tillfredsställer vår inre lust att komma hem, och att omge oss med människor vi älskar, beundrar och respekterar. Vi vill nå den plats som bäst gestaltar vår förnimmelse av frihetens kärna. Vi andas därför att vi har makten att andas, inte för att det är vår rättighet att repetitivt använda lungorna. Det är upp till var och en av oss att söka friheten på egen hand, men i föreningen har du ynnesten att inte längre behöva vandra ensam. Vi är alla vandrare av något slag, så låt oss vandra tillsammans. Låt oss slå följe när vi vandrar hem till Svenskarnas hus!

Om jag skulle beskriva tiden mellan föreningens födelse och nu skulle det vara; Strävan. Det är en stor bokstav därför att det är en stor innebörd. Strävan på individ- och gruppnivå är vad som för svenskarna framåt och har så gjort genom alla tider. Om vi åsidosätter alla -ismer så landar vi alltjämt i vår sanna natur, och Strävan är en viktig del utav den, en vital del av vår folksjäl, vår inre eld och längtan.

Föreningens första aktivitet var en sammankomst i Stockholm, och det blev en kväll som på många sätt förändrade min upplevelse av svensk opposition. Jag och flera andra veteraner fann oss stående i dörren och skakade hand med fria svenskar som vi hittills aldrig tidigare mött. Efter att i åratal ha träffat samma människor på olika aktiviteter var det närmast en chock att inte kän-

na igen fler ansikten än vi gjorde. De fria svensk-
arna som längtat efter ett utlopp för sin strävan
hade hittat till föreningen, och de tog till vara vår
ambition att föra svenskarna samman! Gammal
som ung, kvinna som man, en ny epok hade in-
letts, och det bekräftade det som vi redan anat;
om vi vill vinna friheten kan vi inte stå passiva,
vi måste våga pröva nya vägar. Den nya vägen
hade levererat.

Aktivitet efter aktivitet i föreningens regi be-
kräftar att vi har lagt en god grund för framti-
dens segrar. Det ger en känsla av ödmjukhet när
bra, sunda och intelligenta fria svenskar ansluter
sig och visar prov på att de har tagit till sig av
föreningens vision och står redo att axla mer an-
svar, att stå som föredöme för en levande och
viljestark opposition som i mångt och mycket är
mer lösningsorienterad än den rörelse jag själv
var en del utav i yngre dagar. Det är min upp-
levelse att vi idag har ett annat fokus än förr; vi
bygger för framtiden.

När vi införskaffade det första Svenskarnas hus
så tog vi ett nytt steg, eller snarare ett jättekliv.
Huset var skörden av ett års idogt arbete att hitta
föreningens moderhus, och dess namn hade jag
planerat långt innan; Svea.

Må vara att huset inte bär det namnet i vardagligt tal, men för mig är hon sinnebilden för svensk nationalism; vi renoverar grunden och bygger sedan uppåt, utåt.

Hon bär våra drömmar, och det är genom henne som våra drömmar realiseras och blir till minnesvärda upplevelser, konferenser, fester och möten mellan människor. Hon binder oss samman eftersom hon är resultatet av föreningsmedlemmarnas strävan.

När jag åkte ned med en god vän den första arbetshelgen så funderade jag över huruvida jag skulle känna igen de medlemmar som skulle dit. Skulle det bli nya ansikten, som på första aktiviteten i Stockholm? Sedan kom tvivlet, inte kunde vi väl få fram ännu fler fria svenskar som ville hjälpa till?

Lättad insåg jag att jo, återigen levererade föreningen människor som åsidosatte sin egentid till förmån för föreningens behov. Så många nya människor, så många roliga och viljestarka fränder. Det blev en helg med många skratt, drypande svett och en och annan lärdom.

Jag hade köpt en motorsåg dagarna innan för att kunna röja träd och sly på föreningens tomt, och nog passade det väl att svärdet skulle få sin jungfruresa i byggandet av vårt hus, ditt hus!

Det kommer minst bli en till skrivelse av detta slag för min del, och jag längtar till tiden efter årsmötet 2019. Detta år kommer vi att ta ännu fler viktiga steg på vår väg mot friheten, vi kommer att fortsätta byggandet av en stabil grund och vi kommer att förbättra föreningens möjligheter i allt och lite till. Arbetet slutar aldrig, det handlar endast om hur mycket kraft och tid vi kan avsätta för respektive område. Jag har ett vanligt kneg, vilket gör att jag inte har möjligheten att avsätta så mycket tid som jag vill åt föreningsarbetet, men jag är ändå förvissad om att det jag hittills bidragit med även kommer att gynna föreningen i stort under detta år. För mig är föreningen Det fria Sverige en viktig pusselbit i min identitet, i mångt och mycket är den svaret på många av de frågor jag ställde mig som ung om livet i stort och smått; vem är jag, och varför? Vart ska jag, hur tar jag mig dit?

Jag blickar in i eldstaden och beundrar lågorna som spelar på vedklabben däri. Den kommer att värma mitt hem en liten stund till, tills jag sätter in ännu en. Föreningen är likt elden i min kamin, den kommer att fortsätta värma hemmet oavsett vilket trädslag som hamnar däri, och den kommer att sprida sitt värmande sken lång tid framöver. I framtiden kommer det inte vara jag som lägger in en vedklabbe när det fryser på, och vetskapen om att det finns fria svenskar som är redo att ta över värmer mig lika mycket som elden i sig. Vi ska inte stå likgiltiga för de små segrarna, vi skall fira dem, men det är slutmålet som vi skall sträva mot. Ett fritt Sverige är vad de kommande generationerna av vårt folk behöver, och det skall vi ge dem.

"Men nöjd är jag inte..."

Daniel Frändelöv
Styrelseledamot och medgrundare

Det är faktiskt svårt att förklara vad det Det fria Sverige är när någon undrar. I teorin är det ju mycket enkelt.

En förening för svenskar, javisst. En samlingsplats både fysiskt och psykiskt. Något som tillvaratar svenskarnas intressen i en tid då så få verkar intresserade av att göra det. En plats att mötas på. En plats att känna sig trygg på. En plats att träffa gamla och blivande vänner på.

Men det är ju så mycket mer. Det är en viktig symbol. Delvis en symbol för de tider vi lever i. En tid när statsapparaten vänt sin egen befolkning ryggen. En tid när många svenskar har glömt vilka de är och vilka de varit. En tid av förvirring och rotlöshet. En tid där en förening som Det fria Sverige behövs mer än någonsin.

Men det är även en symbol för framtiden. En framtid som är betydligt ljusare än nutiden. Det är även ett mycket konkret bevis för vad vi kan göra tillsammans. När vi hjälps åt, när vi slutar säga att "någon borde" och gör det själva. När vi spottar oss i nävarna, samlar våra resurser och ser till att forma vår egen nutid och vår egen framtid.

DFS är fortfarande en mycket ung förening, knappt torr bakom öronen, men den har redan tagit stora och modiga kliv framåt. Vår första samlingsplats, Svenskarnas Hus, har vi köpt och renoverat tillsammans. Du och jag. Vi är alla delaktiga. Vi är alla husägare och kan numera stoltsera med att tillhöra den skara som var med från början. Vi kan berätta för våra barn och barnbarn hur det var att starta Det fria Sverige. Hur det kändes att vara i det första huset. I framtiden kommer detta ses som historiskt, tro mig.

Tänk er bara in i den ljusa framtiden. Bortse från allt negativt som händer i vårt land för en stund. Vi blir allt fler medlemmar för varje dag som går, och med det får vi större och större muskler. Muskler att köpa fastigheter, muskler att påverka samhällsdebatten. Men kanske ännu viktigare är att vi normaliserar det som redan borde vara normalt - vi är stolta och glada över att vara svenskar.

Vi vill helst umgås med andra som är som oss, och vi tänker inte skämmas över det. Vi tänker inte låta oss tystas eller skrämmas. Den tiden är förbi. Vi går rakryggat. Vi är stolta över vilka vi är och vad vi åstadkommer. Vi är förväntansfulla inför framtiden. Det ger oss hopp, styrka och mod att genomgå även de mörkaste tider, för även om framtiden ser ljus ut så kommer det givetvis stundtals att bli tufft. Riktigt tufft. Sverige förändras fort till det sämre, men det behöver jag inte berätta för dig, kära medlem.

I skrivande stund är föreningen ett år och tre månader gammal. Det har varit en minst sagt turbulent tid för oss i styrelsen, och även för mig personligen. I hela mitt politiska liv har jag haft en känsla av att det man gör är förgängligt. Det har varit texter och det har varit ord. Men det har nästan uteslutande varit digitala texter och digitala ord, spridda över internet. Dessa ord har givit högst konkreta resultat, det känner jag väl till. Vänner har träffats, tankar har väckts som har lett till handling. Barn har fötts och människor har mått bättre, fått tröst och stöd i vardagen och när jag tänker på att jag har varit en del i detta fylls mitt bröst av en stolthet som är svår att beskriva.

Men ändå förgängligt. Inte resultaten men de faktiska orden. Det har gnagt i mig. Med Det fria Sverige och Svenskarnas Hus är den gnagande känslan kraftigt förminskad.

Nu står det där, huset. Det är svårt att tänka sig ett mer konkret resultat av vårt arbete. Med "vårt" menar jag givetvis mig själv. Och styrelsen. Och varenda medlem. Varenda person som tagit beslutet att på ett eller annat sätt stödja oss, och därmed sig själv, är inräknad i detta stora, vackra, starka "vårt". Detta underbara "vi".

Men nöjd är jag givetvis inte. Det lär man nog aldrig bli. Vårt arbete har bara börjat. Fler hus ska införskaffas och byggas. Fler spadtag ska tas. Väggar ska målas, mat ska lagas, kaffe ska bryggas, golv ska dammsugas, brev och artiklar ska skrivas, poddar ska göras och viktigast av allt - människor ska mötas. Människor ska befrias från ensamhetens bojor och ta det viktiga klivet in i gemenskapen. Så som det är menat att vara.

Det fria Sverige är inte bara en förening för oss här och nu. Våra visioner sträcker sig långt in i framtiden. Det vi bygger nu ger vi åt våra barn. De som inte ens är födda än behöver Det fria

Sverige. Och vi behöver dem. Därför bygger vi något som står starkt inför kommande prövningar, ett fundament som framtida generationer kan dra nytta utav och bygga vidare på.

Att det kan vara bra att ha något konkret att hålla i när det blåser har jag själv märkt under året som har gått. Personligen har det varit många och stora förändringar på kort tid. Jag ska inte tråka ut er med detaljer, men jag kan säga att just du som läser detta, du medlem i Det fria Sverige, har hjälpt mig på ett sätt du kanske inte insett.

Vissa dagar känns allt extra grått och trist. Jag är säker på att du vet känslan. När man dagligen har Sveriges förfall upp till öronen på grund av ens yrke så kan det ibland helt enkelt bli lite för mycket. Då avundas man faktiskt de som inget vet.

Men det går fort över när man tänker på alla underbara människor som är medlemmar i Det fria Sverige. Ni står bakom mig, även om ni kanske inte vet om det. Ni är mitt stöd. Ni är även ett ordlöst krav på att sluta gnälla. Att ta sig i kragen och vara djupt tacksam för de tider vi lever i. Tider när vi kan förändra vår framtid. Tider när det finns en kamp om vårt folk, och kämpar som är villiga att föra den kampen.

Och det fina är att ni är inte bara mitt stöd. Ni är även varandras. Vi finns där för varandra, i goda tider och i hårda tider.

Tusentals öron som lyssnar, tusentals händer som hjälps åt. Tusentals ögon som ser varandra och tusen och åter tusen samtal som kommer föras. Nu och i den glimrande framtiden.

Med dessa ord, skrivna i all ödmjukhet, vill jag bara avsluta med att tacka dig från botten av mitt hjärta. Du tog ett viktigt steg genom att bli medlem, och det steget kommer att visa sig vara ett viktigt steg. Inte bara för dig personligen. Inte bara för alla medlemmar. Utan faktiskt för hela Sverige, och alla svenskar. Tack, och vi ses snart. I vårt hus. Ditt och mitt.

Vi skriver historia

Magnus Söderman
Styrelseledamot och medgrundare

Jag kan se tillbaka på många års aktivism inom den "nationella rörelsen" och jag har varit delaktig i att styra rörelsen i en mer – hävdar jag i alla fall – fruktbar riktning. Inte ensam, så klart, men tillräckligt "medskyldig" för att kunna nämna det som en merit. Ett misstag jag gjort var dock att bli offentlig tidigt, långt innan jag hunnit "tänka klart". All traditionell visdom säger att man åtminstone ska vara trettio år fyllda innan man sticker ut hakan. Själv gjorde jag det långt tidigare. Ett annat misstag (som hänger ihop med åldern) var att jag trodde lite för mycket om mig själv. Ett visst mått av ödmjukhet är alltid klädsamt. Resultatet är att den som vill, lätt kan följa mig genom åren och studera min politiska utveckling (inte bara den politiska heller, också den andliga dito). Folk reagerar på två sätt när de gör det (om de reagerar alls). Den ena gruppen säger: "det var fasligt vad du varit omkring och ändrat dig, hur ska vi kunna lita på att du blir kvar där du är nu?" Den andra gruppen menar att: "det finns en trygghet i att kunna följa din personliga utveckling jämte den politiska, för man lär känna dig på kuppen och det ingjuter förtroende". Jag föredrar den sistnämnda. En sak är i alla fall säker. Hela mitt vuxna liv har jag dedikerat till mitt folk och mitt land. Mina politiska ställningstaganden och mina föredragna val av strategi må ha skiftat, men inte den grundläggande övertygelsen.

Det var med denna övertygelse i ryggsäcken (och den politiska mognad som åren givit) jag var med och grundade Det fria Sverige. Inte en dag har gått sedan dess utan att jag känt mig välsignad att få vara med på denna resa – vågar jag skriva historiska resa? – och ha äran att dagligdags få arbete för vår gemensamma sak. Det finns mycket som jag anser vara speciellt med Det fria Sverige och en sådan sak är att visionen inte enkom lovar något bättre i framtiden (när segern är vunnen, som det brukar låta) utan att föreningen faktiskt gör livet bättre för varje medlem på en gång. Naturligtvis sker inget av sig själv utan det krävs att var och gör sin del. Så fort man blivit medlem i Det fria Sverige så finns tusen dörrar på glänt. Den som vill kan öppna dem. Genom vårt forum (friasvenskar.se) kan varje medlem direkt börja bygga på sitt nätverk av personer i sitt närområde och bli en del av en gemenskap där alla delar samma grundläggande idé. Vittnesmål från medlemmar, som helt plötsligt inser att de inte var ensamma nationalister på sin ort, bevisar det. Snart nog kan man besöka en tillställning i närheten – eller ännu hellre, ordna en själv – och där träffa andra medlemmar öga mot öga. Det är ett stort nätverk av personer man får tillgång till när man blir en del av i föreningen, därtill också ett växande sådant. Vi ska heller inte glömma Svenskarnas hus: vår egen plats där vi bestämmer. I skrivande stund har vi ett. Om du läser detta om tio år kanske vi har tio.

När jag och Dan Eriksson funderade kring Det fria Sverige (detta var innan alla processer var i gång och föreningen fortfarande bara vara en tanke) så var en viktig sak denna: man måste tjäna på att vara medlem. Med vår gemensamma erfarenhet och tid tillbringad i "rörelsen" hade vi själva fått nog av den typen av resonemang som närmast kan liknas vid religionens löfte om paradiset efter döden. Gå med oss, plöj ner pengar, ut och kämpa, i framtiden kommer ditt namn att höljas i ära och kanske kommer vi också att segra. Det är ingen dum tanke men här och nu då? Ska det vara omöjligt att göra samtiden bättre för oss själva och våra nära och kära? Ska det till och med behöva blir sämre för oss, utan att vi ser något ljus alls? Självfallet inte, vilket Det fria Sverige är ett bevis på. Det är inte fel att ordna det för sig, det är inte fel att ha det bra, känna sig trygg och ha trevligt tillsammans. Den verklighet vi konfronteras med i våra liv dagligdags ger tungsinthet så det räcker och blir över. Låt i alla fall delar av vår gemenskap vara det rakt motsatta. Att skapa frizoner är också en del av vår kamp, tro inget annat. Att ha en plats – flera platser – där vi kan träffas i lugn och ro och ha det bra är lika mycket en motståndshandling som någon annan. De vill tysta våra sånger och göra våra leenden stela. Vi ger dem det inte. I den gemenskap som föreningen erbjuder finns det trygghet. Trygghet är nödvändigt för att vi ska våga, vilja och orka sätta oss upp mot makten som är.

Frågan som till sist ställdes av oss var också: vad innebär det att "segra"? Vari består denna seger? När har vi "segrat"? Frågan är svårare att besvara än man först tror och det är kanske därför ingen egentligen besvarat den. Man nöjer sig med att konstatera att man minsann "ska segra". Om man är ett parti, är "segern" vunnen när man har 51 procent av rösterna, eller är det när man har inflytande? Som utomparlamentarisk rörelse; är det när man avsatt makten som är och tillsatt sin egen makt? Måste man ha folket på sin sida (en majoritet av det) för att ha "segrat" eller räcker det med att ta makten och ersätta ett system med ett annat? Om vi skärskådar historien så kan vi ju konstatera att ingen egentligen segrat någonsin, eller åtminstone att "segern" varit flyktig. Somliga rörelser har varit bättre än andra på att behålla greppet och lyckats påverka bortom den realpolitiska verkligheten. Andra har blommat ut med prakt under några år för att sedan försvinna. För några få fanns det en sådan kraft i den energi som släpptes lös att idéerna levde vidare över generationer.

Det fria Sverige har valt att lämna denna fråga därhän. Att lova en seger utan att kunna definiera den, eller kunna uppvisa en tydlig plan som steg för steg pekar ut hur man tar sig dit, är närmast bondfångeri. Det fria Sverige utlovar ingen "seger", vare sig nu eller senare. Vi närmar oss istället det hela utifrån ett realistiskt perspektiv och visar hur vi kan vinna små segrar hela tiden.

Vi tittade på de mest troliga framtidsscenarierna för Sverige och Europa och ställde oss själva frågan: hur ser vi till att kunna fortsätta leva och verka som individer och som folk? Hur ser vi till att skapa trygghet och säkerhet för den folkspillra som väljer bort samhällsutvecklingen? Hur ser vi till att lämna över en stabil grund för våra efterkommande att bygga vidare på? Hur kommunicerar vi detta alternativ till så många som möjligt?

Svaret på alla de frågorna är föreningen Det fria Sverige. Den som inte håller med är välkommen att vandra en annan väg och vi önskar vederbörande all lycka till. Själv ser jag ingen annan väg om jag ska vara ärlig, och det är därför jag sedan lite mer än ett år tillbaka lever och andas Det fria Sverige.

Och vilket år det har varit.

Jag lovade mig själv att föra dagbok från föreningens första dag. Så blev det inte och jag har nog redan glömt många av de intressanta samtal som förts med medlemmar som jag träffat. Jag har också glömt funderingar jag haft i vissa skeden, när det varit något som skavt eller något jag väntat på med spänning. Det kan bero på att jag är dålig på dagböcker eftersom jag inte kan sluta när jag väl börjar, och att ägna ett par timmar åt att skriva dagbok varje dag är ju bara löjligt. Men dagbok eller inte, de stora händelserna är inpräntade i mitt minne.

Lanseringen så klart, och det mottagande som föreningen möttes av. Jag minns insikten som slog mig på restaurangen där vi åt middag på kvällen då det stod klart att vi redan låg veckor efter med att få ut medlemskorten till medlemmarna efter bara några timmar.

Jag minns också de samtal jag och Dan Eriksson hade med de personer som är föreningens grundare, när vi presenterade vår idé och frågade om de ville hoppa på tåget. Tur var att de ville det för deras erfarenheter, idéer och arbete för föreningen har varit avgörande. Glädjande nog har mina kära medgrundare alla bidragit till att göra Det fria Sverige ännu bättre än vad det såg ut på pappret.

Värt att minnas är också alla möten med medlemmar som skett. Somliga har man kommit närmare än andra och vissa mycket nära. Som genom ett trollslag växte jag erfarenhetsmässigt exponentiellt tack vare intryck, samtal, tankar och funderingar som föreningens medlemmar bidragit med.

Jag kan känna fingrarna bläddra i vår visions-skrift när den kom från tryckeriet; jag minns doften från kartongerna med flygblad och den vördnad jag kände när föreningens första flaggor äntligen dök upp. Fortfarande känner jag ett lugn när jag betraktar bordsflaggan med vår heraldik.

Ett extra kärt minne är den gemensamma resan till Tyskland under sommaren 2018, då ett stadigt gäng färdades runt i Sachsen för att träffa och lära av våra vänner som där redan har etablerat sig på olika orter, där "Svenskarnas hus" redan finns, fast i tysk tappning.

Huset ja, vårt hus. Jag minns när den grupp av medlemmar som satts samma för att dammsuga nätet efter fastigheter presenterade objektet för oss i styrelsen. Jag minns när vi bestämde oss för att slå till. Jag minns kontakterna fram och tillbaka med ägaren och mäklaren, hur vi satt som på nålar. Sedan, till sist, bilden Dan Eriksson skickade till styrelsen när han stod med kontraktet i handen, påskrivet och klart.

Tyvärr har jag inte kunnat vara med och arbeta med huset. Bara under de absolut sista veckorna innan invigningen har jag dragit mitt strå till den stacken, men också det har givit mig minnen för livet.

Framförallt är Det fria Sverige medlemmarnas förening. Det är en förening som är älskad. Så många har bidragit med så mycket och tillsammans har vi alla gjort detta.

Jag vet inte om något annat nationellt projekt av något det slag i modern tid upplevt något liknande; inget jag varit involverat i, i alla fall.

Lägger vi samman alla olika delar samt toppar med huset så är det överväldigande. Att det därtill gått relativt enkelt säger mycket om både medlemmarnas entusiasm, styrelsens arbete och tidsandan vi lever i. Det sägs att det inte går att stoppa den idé vars tid har kommit, jag är benägen att tro på det. Det fria Sverige är här för att stanna.

Det är skönt att vårt första år tillsammans har gått så bra som det har gjort. Vi kommer att stöta på patrull vad det lider, det kan vi vara säkra på. Men vad gör det?

Det vi gör nu har ingen annan gjort inom vår rörelse tidigare. Det är ibland lite skrämmande eftersom vi bryter ny mark och träder in på områden vi inte har någon erfarenhet av. Kartan ritas för varje nytt steg vi tar.

Men tryggheten, i alla fall för mig, är alla medlemmar. Jag vet att jag kan lägga ut en förfrågan om det är något bekymmer som dyker upp, så kommer svaret (och hjälpen) komma från medlemskapet. Medlemskapet är vår gemensamma Mimers brunn.

Verner von Heidenstam skaldade:
"Det är skönare lyss till en sträng, som brast, än att aldrig spänna en båge."

Det fria Sverige är en skön sträng att lyssna till. Den var skön när den spändes för första gången och vid det här laget har den avfyrat ett helt koger med pilar. Var och en har träffat där den skulle. Det finns mycket kraft kvar i vår båge, kära medlemmar, och när vi lägger detta första år till handlingarna är det dags spänna den igen.

Var och en av oss, varje medlem i Det fria Sverige, kan vara stolt över det vi åstadkommit. De frön vi planterar i dag kommer att skördas av svenska barn om många, långa år. De kommer att tänka på oss, vi som gick först i denna folkrörelse. Alla vi som gemensamt bär bördan vinner en plats i deras hjärtan och i boken Sverige, vår historia som vi skriver i detta nu.

Jag är tacksam och stolt över att ha fått tjäna medlemmarna under detta första år och jag hoppas få fortsätta göra det under många år framöver. Det är med all ödmjukhet och den största respekt för vår sak som jag nu lägger detta första år bakom mig och kavlar upp ärmarna för att ta itu med utmaningarna som väntar.

En röst från förr

Det fria Sverige har inte uppstått i ett vakuum och vår vision är inte ny. Våra rötter går långt tillbaka i den svenska historien; till de levnadsglada och hårt arbetande fria männen och kvinnorna som aldrig lät främmande fogdar röva fritt, till nyare tiders nationalister.

En av våra inspiratörer är Carl Ernfrid Carlberg: författare och diktare; mecenat och officer; olympisk guldmedaljör och nationell organisatör.

Han grundade bland annat Samfundet Manhem och såg till att öppna Manhemssalen i Stockholm är 1935. Adressen var Odengatan 42 och huset ägdes av Carlberg.

De föredrag och möten som ägde rum i Manhemssalen var öppna för allmänheten. C.E. Carlbergs kulturella arbete har inspirerat Det fria

Sverige och därför vill vi här återpublicera en text av denna nationella gigant, som också ger en inblick i den tradition som vår förening är en del av.

DEN GÖTISKA TRADITIONEN
Carl Ernfrid Carlberg, 1935

"Det är en beklaglig sanning, att mängden av vår tids svenskar urartat från sina stolta stamfäder. I stället för den oemotståndliga kraft, som väckte Nordens uråldrige innevånare till de djärvaste företag, råder bland deras efterkommande en för allmänt väl liknöjd verksamhet. Forntidens frihetsanda, dess eniga nit för Samfundets (= samhällets) självbestånd hava försvunnit för tvedräkt och den brottsliga omtanken att främja blott egna fördelar, den enkla, urgamla uppriktigheten i seder och umgänge för en så kallad hyfsnings konstlade behag. Vi hava sålunda funnit vårt högsta ändamål vara att uppliva den frihetsanda, det mannamod och redliga sinne, som hos Götherna rådde. Såsom ett viktigt medel därtill måste vi hava all möda ospard att genom forskningen i Nordens fornhävder och sagor bereda oss en ljusare översikt av det tidevarv, vars enkla dygder vi ville återställa".

Så heter det i det den 16 februari 1811 – ett par år efter Finlands smärtsamma förlust – i Stockholm bildade Götiska förbundets stiftelseurkund, och vilja vi vara uppriktiga, så måste vi erkänna, att åtskilligt av det citerade har sin fulla giltighet den dag som är.

Götiska förbundets män, "göterna" kallade, sågo i det dåtida släktets drag tydliga tecken på en förslappning av den gamla nationalkaraktären, sådan den framträder i hävden under heden tid såväl som under den kristna. "Förskämda seder, ett vekligt levnadssätt och en bristande offervillighet för fosterlandet göra oss ej mer till värdiga avkomlingar av store förfäder. Vi leva på ett arv av stora minnen, vilka vi ej genom personlig redbarhet och kraft i tanke och handling rätt uppbära", förklarade göterna, och botemedlet mot detta sedliga och fysiska förfall sågo de i "upplivandet av den kraftfulla redlighet, varigenom våra förfäder så fördelaktigt utmärkte sig".

Enkelhet och renhet i seder och tänkesätt hade varit stamfrändernas styrka, frihet och mannamod deras ära. Med den sedliga kraften var den fysiska förenad. Varje äkta göt borde eftersträva att personligen vidmakthålla nordmannadygderna Tro, Kraft och Heder – det ursvenska mannai-

dealet enligt stamgöten Erik Gustaf Geijer – "för
att därmed bliva en föresyn för andra medborg-
are". Detta nordiska ideal frammanade Geijer i
odödliga sånger. Det är hans götiska dikter, som
uppbära första häftet av tidskriften Iduna, "en
skrift för den nordiska fornålderns älskare". Det
anspråkslösa häftet flög ut över landet, och sång-
erna tände och livade hela den svenska nationen.
I inledningssången Manhem tecknar Geijer på
sitt mästerliga, helgjutet manliga sätt idealbilden
av den nordiska människan på nordisk mark un-
der nordisk himmel:

Det var en tid det bodde uti Norden
en storsint ätt, beredd för fred som krig.
Då, ingens slav och ingens herre vorden,
var odalbonde var en man för sig.
Med svärd han röjde våld, med plogen jorden,
med lugn för Gud och man han gick sin stig.
Sig själv sitt värn, han visste andra skydda,
och kungasöner växte i hans hydda.

– – –

På segerrika marker svensken träder,
där berg och skogar tala forntids bragd.
Han ropar dig, den sång, som stormen kväder

kring kämpars aska, djupt i högen lagd:
kan du förgäta dina stora fäder
och ibland deras skuggor stå försagd?
Steg då med deras ätt och deras seder
ock Nordens kraft i gravens sköte neder?

Nej, renom det, de forna dygders tempel,
för evigheten rest på denna jord!
Är hon ej med naturens egen stämpel
till manlighetens starka boning gjord?
Upplivom dem, de forntida exempel
av ära, kraft och tro uti vår Nord!
Då skola i vårt fall vi även hämnas
och Manhems namn på jorden åter nämnas.

Det nordiska ynglingaidealet blev särskilt före-
mål för de götiska skaldernas intresse. I Tegnérs
"Frithiofs saga" framstår liksom i Geijers "Vi-
kingen" den nordiska ynglingen i sin dådlust
och oförvägenhet, renhjärtenhet och storsinthet.
Frithiof är den unge riddaren, som utför hjälte-
dåd för att vinna sin brud, trofast och manlig
men också oförsiktig och uppbrusande, som kan
begå dårskaper, ja våldsgärningar, men också
gärna öppet erkänner sin skuld och djupt känner
behovet att genom ädel gärning försona begång-
et felsteg.

Under de tolv år som Götiska förbundet verkade som flitigast intogos däri omkring ett hundratal aktade svenska män, skalder och konstnärer, universitets- och akademiprofessorer, ämbetsmän och militärer, präster, lärare, läkare, bruksägare, bokhållare och bönder, alla besjälade av livlig känsla för landets uppryckning och varmt intresserade särskilt för utforskande av Nordens forntid.

Fornkunskapen, fornminnesvården och folklivsforskningen blevo under ledning av förbundets outtröttlige sekreterare, Jacob Adlerbeth, göternas käraste skötebarn. Jordfynd uppgrävdes, runstenar uppletades och runor tyddes.

Gamla kyrkor skärskådades, handlingar av historisk vikt uppspårades, allmogeord upptecknades och arkiverades landskapsvis. Gamla folkvisor och folkmelodier, ordstäv och folkbruk räddades åt eftervärlden. På historieforskningens och hävdateckningens område åstadkom Geijer ett storartat uppsving. Även språkforskningen och den språkliga kulturens vårdande vore föremål för göternas sakkunniga nit.

Förutom bardaleken med Geijer, Tegnér, Ling och Nicander i spetsen odlades musiken med Afzelius, Geijer och storsångaren Dillner som främsta målsmän.

Den bildande konsten mottog, tack vare Götiska förbundet, kraftiga impulser i sund, nationell riktning, ej minst genom de under åren 1817 – 1821 föranstaltade konsttävlingarna.

Till den äktsvenska konstens uppsving bidrog kanske mest göten Ling, som på sitt nygrundade gymnastiska centralinstitut lyckades intressera konstens utövare för människokroppens skönhet i samband med fäktning och gymnastik. Bildhuggaren Fogelberg och akademiprofessorn Byström voro Lings trogna lärjungar, och hans varmt tillgiven vän, den geniale tecknaren Wahlbom, upphovsmannen till storverket "Gustav Adolfs död", utbildade sig till en mästare i att teckna kraftfullt kämpande nordiska gestalter.

Nordmannasinnet i den nationella bildhuggarkonsten fortlevde intill senare hälften av 1800-talet hos Qvarnström och Molin, skapare av "Loke riktar pilen åt den blinde Höder", "Valkyrior föra en fallen kämpe till Valhall", "Karl XII:s staty", "Bältesspännare", "Näcken, spelande för Ägir och dennes döttrar", "Nornorna" o. s. v.

På historiemålningens område inledde Sandberg under götiskt inflytande en ny epok med Malmström, Winge, Forsberg, Hellqvist, von Rosen och Cederström som främsta efterföljare.

Mycket mer vore att berätta om detta märkliga, vittra och verksamma nordiska sällskap, men jag tror att det nu sagda räcker för att ge ett begrepp om den historiska och andliga upprinnelsen till vår nygötiska samfundstanke.

Man må ogilla vissa överdrifter och ensidigheter, vartill göterna i sin moraliska patriotiska hänförelse gjorde sig skyldiga, men ett står dock fast: de voro uppriktiga och orädda och i stort sett inne på rätt väg, på den gamla goda svenska kungsvägen, samma väg som Olof Rudbeck, Atlands eller Manheims hugstore mästare och bondekungen Karl XI, manhemstankens höge, djupt svenske bedrivare, en gång vandrat.

En nutida svensk humanistisk forskare, Johan Nordström, innehavare av den nyligen (1932) i Uppsala upprättade Gustav Adolfprofessuren, har vetenskapligt fastslagit, att atlantisk-götisk anda varit den eldande och sammanhållande kraften i svensk nationell kulturutveckling även före Olof Rudbeck. Götiska förbundets män togo visserligen avstånd från vissa av den dåtida vetenskapen förkastade rudbeckska hypoteser, men detta hindrade icke att göterna faktiskt anknöt till den urgamla manhemstraditionen, och frågan är, om icke Rudbecks svåråtkomliga, av en arkeologiskt och rashistoriskt okunnig tid kritiserade nationalepos dock innehåller mängder av väckande tankar, vartill vi alltjämt med fördel kunna anknyta – såväl i vad avser det vetenskapliga som det folkliga bildningsarbetet.

I varje fall kunna tydligen ej de, som i dessa historiska tider vilja verka för en ädlare andlig resning av den svenska nationen, finna en i folksjälen djupare förankrad anknytningspunkt än "den gamle rudbeckens" dådfriska, mångsidigt snillrika nordiska ingenium och den ute i bygderna i folklig hembygds- och fornminnesföreningar, sång-, gymnastik- och idrottssammanslutningar ännu levande götiska traditionen.

Det var en stolt och manlig anda som uppbar storhetstidens och göternas syn på Sverige och svenskheten. Vi kunde ha gott av att äga något av den andan än.

Ske alltså!

Mötesprotokoll

En hörnsten för att medlemmarna ska känna förtroende för styrelsens arbete är öppenhet och genomlysning. Detta är oproblematiskt för i princip alla föreningar i Sverige.

Tyvärr verkar inte en nationalistisk förening på samma villkor. Det finns meningsmotståndare som anser att odemokratiska handlingar är legitima att ta till mot nationalister och de skulle inte dra sig för det mest nesliga beteende för att lägga käppar i hjulen för oss.

Av det skälet så finns det saker som måste gå under behovsprincipen: behöver man inte veta så får man inte veta. Oftast handlar det om att vi befinner oss i en process (kanske inför ett husköp eller liknande) då informationen – om den blev allmänt tillgänglig – skulle kunna användas emot oss. Vid dessa tillfällen måste vi sortera den information som kommer ut. Det betyder att protokoll från styrelsemöten kanske dröjer innan de görs tillgängliga, eller att en del information först senare läggs till.

Vi önskar alla att vi inte behövt arbeta på det här sättet, men det är nödvändigt under rådande situation.

Här följer dock samtliga mötesprotokoll (faksimil) från föreningens bildandemöte i juli 2017 till det senaste styrelsemötet vid tidpunkten för denna årsboks tillkomst.

PROTOKOLL

Bildandemöte SVEGOT-DFS den 21 augusti 2017.

1 Fastställande av närvaroförteckning/röstlängd

Tre medlemmar deltar, samtliga med rösträtt.

2 Val av mötesordförande

Robin Holmgren väljs tills mötesordförande

3 Val av protokollsekreterare

Magnus Söderman väljs till protokollsekreterare

4 Val av justeringsmän tillika rösträknare

Dan Eriksson väljs till justeringsman

5 Fastställande av föredragningslista för mötet

Föredragningslista fastställd.

6 Fråga om bildande av föreningen

Samtliga medlemmar röstade JA till förenings bildande.

7 Fastställande av stadgar för föreningen

De föreslagna stadgarna fastslogs och samtliga deltagande var överens.

8 Fastställande av namn på föreningen

Namnet för föreningen fastslogs till SVEGOT-DFS.

9 Val av interimsstyrelse för tiden fram till och med det första ordinarie årsmötet

Dan Eriksson valdes till ordförande
Magnus Söderman och Robin Holmgren valdes till ledamöter.

STYRELSEMÖTE PROTOKOLL
SVEGOT-DFS
Org. Nr. 802511-2213

Datum och plats: 27 september 2017 i Berlin
Närvarande: Dan Eriksson, Magnus Söderman och Robin Holmgren (Holmgren via Skype)

§ 1 Inledning
Ordförande Dan Eriksson hälsar samtliga deltagare välkomna till styrelsemötet

§ 2 Val
Till sekreterare valdes Dan Eriksson och till justeringsman valdes Magnus Söderman

§ 3 Dagordning
Förslaget till dagordning godkändes.

§ 4 Verksamhetsrapport
Vi har nu fått vårt organisationsnummer från Skatteverket.

§ 5 Nödvändiga steg
Styrelsen beslutade att föreningen ska öppna ett bankkonto, samt registrera sig för moms och F-skatt per omgående.

§ 6 Beslut om företrädare gentemot banken

Styrelsen beslutar att följande person/personer får:

- Företräda föreningen var för sig

Dan Hampus Eriksson
Klas Magnus Söderman

§ 7 Nästa sammansträde

Inget datum har beslutats för nästa sammanträde, men det bör hållas senaste den sista oktober 2017 och samtliga ledamöter ska informeras i god tid innan mötet via e-post eller telefon.

§ 8 Avslutning
Ordförande förklarade mötet avslutat

Konstituerande styrelsemöte 2017
SVEGOT-DFS

Protokoll fört vid konstituerande styrelsemöte för SVEGOT-DFS, på hotell Panorama i Göteborg, 2017-10-26

Närvarande (7 personer)

Dan Eriksson, Daniel Frändelöv, Ingrid Carlqvist, Magnus Söderman, Marcus Follin, Patrik Larsson och Robin Holmgren(via telefon).

§ 1 Mötets öppnande

Dan Eriksson hälsade alla välkomna och förklarade mötet öppnat. Patrik Larsson utsågs till sekreterare, och Ingrid Carlqvist och Dan Eriksson valdes att justera protokollet.

§ 2 Konstituering av styrelsen

Dan Eriksson valdes till ordförande.

Ingrid Carlqvist valdes till vice ordförande.

Patrik Larsson valdes till sekreterare.

Dan Eriksson valdes till kassör.

§ 3 Val av firmatecknare

Mötet beslutade att Dan Eriksson och Magnus Söderman har rätten att teckna föreningen var för sig.

§ 4 Mötets avslutande

Dan Eriksson avslutade mötet.

Årsmöte 2017 SVEGOT-DFS

Protokoll fört vid årsmöte för SVEGOT-DFS, på hotell Panorama i Göteborg, 2017-10-26

Närvarande (7 personer)
Dan Eriksson, Daniel Frändelöv, Ingrid Carlqvist, Magnus Söderman, Marcus Follin, Patrik Larsson och Robin Holmgren(via telefon).

Mötets öppnande
Dan Eriksson hälsade alla välkomna och förklarade SVEGOT-DFS första årsmöte öppnat.

§ 1 Fastställande av röstlängd
Röstlängden bestod av Dan Eriksson, Daniel Frändelöv, Ingrid Carlqvist, Magnus Söderman, Patrik Larsson och Robin Holmgren.

§ 2 Val av mötesordförande
Årsmötet beslutade att välja Dan Eriksson till mötesordförande.

§ 3 Val av mötessekreterare samt justerare
Årsmötet beslutade att välja Patrik Larsson till mötessekreterare samt Dan Eriksson och Ingrid Carlqvist att justera protokollet.

§ 4 Fråga om mötet utlysts på rätt sätt
Årsmötet godkänner på det sätt mötet utlysts.

§ 5 Godkännande av dagordningen
Årsmötet beslutade att godkänna dagordningen med tilläggen:

a) Godkännande av visionsskrift samt klistermärken.

b) Genomgång av presskonferens 25 november 2017.

c) Beslut om hur arbetsfördelningen medlemmar emellan ska se ut.

d) Beslut om hur relationen mellan de egna projekten, tex. Motgift och Ingrid&Conrad ska se ut.

§ 6

a) Styrelsens verksamhetsberättelse för det senaste verksamhetsåret.

Då föreningen är nybildad finns ingen verksamhetsberättelse att presentera.

b) Styrelsens förvaltningsberättelse (balans- och resultatberäkning) för det senaste verksamhetsåret.

Då föreningen är nybildad finns ingen förvaltningsberättelse att presentera.

§ 7 Revisorernas berättelse över styrelsens förvaltning under det senaste verksamhets-/räkenskapsåret.

Då föreningen är nybildad och därmed inte haft någon verksamhet, samt att föreningen inte har någon revisor utsedd, finns ingen berättelse om förvaltningen att presentera.

§ 8 Fråga om ansvarsfrihet för styrelsen för den tid revisorerna avser.

Då föreningen är nybildad finns ingen verksamhet att bevilja ansvarsfrihet för.

§ 9 Fastställande av medlemsavgifter

Dan Eriksson föreslog en löpande medlemsavgift på 100 kronor, eller motsvarande, per månad. Årsmötet biföll Dans förslag.

§ 10 Fastställande av verksamhetsplan samt behandling av budget för det kommande verksamhets-/räkenskapsåret.

Dan Eriksson föreslog att frågan skjuts upp till det kommande årets årsmöte. Vilket planeras hållas under mars månad 2018. Årsmötet biföll Dans förslag.

§ 11 Behandling av styrelsens förslag (propositioner) och i rätt tid inkomna förslag (motioner) från medlemmarna.

Inga propositioner eller motioner finns att behandla.

§ 12 Val av

a) föreningens ordförande för en tid av 1 år.

Magnus Söderman föreslog Dan Eriksson.

Årsmötet biföll Magnus förslag.

b) Övriga ledamöter i styrelsen för en tid av 2 år.

Magnus Söderman föreslog att samtliga deltagare vid mötet, förutom Marcus Follin, ska bilda styrelse.

Årsmötet biföll Magnus förslag.

c) **Eventuella suppleanter i styrelsen med för dem fastställd turordning för en tid av 1 år.**
För detta finns för närvarande inget behov.

d) **Vid behov: 1 revisor jämte 1 suppleant för en tid av 1 år. I detta val får inte styrelsens ledamöter deltaga.**
För detta finns för närvarande inget behov.

§ 13 Eventuellt övriga frågor som anmälts vid punkt 5.

a) **Godkännande av visionsskrift samt klistermärken.**
Conrad önskade en justering av ett citat av Olof Palme.
Ingrid vill att vi justerar information om storleken på andelen asylsökande.
Ingrid vill även justera andelen muslimer i Sverige samt att en en referens till denna uppgift läggs till.
Årsmötet önskade även att syftet med vargen i DFS vapen beskrivs närmare i texten.
Ingen hade något att invända mot utformningen samt innehållet på klistermärkena.
Magnus åtar sig arbetet att med Ingrids assistans justera texterna enligt ovan, och därmed godkände årsmötet dessa texter samt klistermärkena.

b) **Genomgång av presskonferens 25 november 2017.**
- Dan informerade om den kommande presskonferensen.
- Dan och Magnus ordnar med praktiska detaljer som boende för styrelsens medlemmar samt lokal för presskonferensen.
- En del enklare kringprodukter kommer tas fram inför lanseringen.
- Motgifts guldmedlemmar har bjudits in, men konferensen är även öppen för övriga intresserade.
- Internationella gäster kommer besöka konferensen personligen. Till detta kommer även ett flertal videohälsningar från världen över presenteras. Styrelsens medlemmar kommer arbeta gemensamt med att vi får tillgång till dessa hälsningar. För att dessa hälsningar ska bli relevanta, kommer de som väljer att delta få en sammanfattande förklaring på vad DFS är.
- Hemsidan 25november.nu ligger uppe. Här kan intresserade anmäla sig till ett nyhetsbrev som fram till lanseringen av DFS kommer ge kortare information och ledtrådar om vad DFS är. Presskonferensen kommer även livesändas via 25november.nu.
- Samtliga medlemmar i styrelsen ska förbereda ett tal på 3-5 minuter. Det ska berätta om projektet samt varför det är viktigt för varje enskild talare.

- Det kommer även ges möjlighet för frågor från publiken. Dan ansvarar för denna frågestund.
- Konferensen kommer hållas på svenska, förutom eventuella gästar som pratar engelska.
- Den beräknade tiden för konferensen är ca. 2 timmar.
- Klädkoden är kostym eller kavaj och skjorta.
- Konferensen avslutas med ett restaurangbesök, där DFS bjuder gästerna på mat.
- En internationellt anpassad lanseringsvideo tas fram av bland annat inspelat material från presskonferensen.

c) **Beslut om hur arbetsfördelningen medlemmar emellan ska se ut.**
Magnus beslutades fortsätta att ansvara för texter och klistermärken.
Dan beslutades fortsätta att arbeta med det administrativa arbetet vad det gäller bank, förening samt hemsida med mera.
Vid mötesdagen fanns inga fler direkta arbetsuppgifter att ansvara för.

d) **Beslut om hur relationen mellan de egna projekten och DFS ska se ut.**
De egna projekten Motgift och Ingrid&Conrad beslutas tillsvidare förbli egna projekt.

§ 14 Mötets avslutande
Dan Eriksson avslutade SVEGOT-DFS allra första årsmöte. Detta är en stor historisk dag för det svenska folket och vårt land.

Styrelsemöte 20171203
SVEGOT-DFS

Protokoll fört vid digitalt styrelsemöte för SVEGOT-DFS, 2017-12-03

Närvarande (6 personer)
Dan Eriksson, Daniel Frändelöv, Ingrid Carlqvist, Magnus Söderman, Patrik Larsson och Robin Holmgren.

§ 1 Mötets öppnande
Dan Eriksson bjuder in samtliga styrelsemedlemmar till en digital omröstning, där ställd fråga lyder: "Är du OK med att vi beslutar om att tillfälligt åsidosätta stadgarna och låta alla som varit medlemmar 3 månader rösta på årsmötet 2018?"
Svarsalternativen var fem till antalet, och löd:

• Instämmer helt

• Instämmer

• Jag ställer mig neutral

• Instämmer inte

• Instämmer inte alls

Styrelsens samtliga sex röster lades på alternativet "Instämmer helt". Styrelsen har därmed beslutat att vi tillfälligt och över årsmötet den 10 mars 2018 åsidosätter "16§ Rösträtt samt yttrande- och förslagsrätt" i SVEGOT-DFS stadgar.

§ 2 Mötets avslutande
Dan Eriksson avslutade omröstning och mötet.

Styrelsemöte 20171212
SVEGOT-DFS

Protokoll fört vid Skype-styrelsemöte för SVEGOT-DFS, 2017-12-12

§ 1 Mötets öppnande
Dan Eriksson välkomnade de närvarande deltagarna och öppnade mötet.

§ 2 Fastställande av närvarande mötesdeltagare
Dan Eriksson, Daniel Frändelöv, Ingrid Carlqvist, Magnus Söderman, Patrik Larsson och Robin Holmgren.

§ 3 Val av justerare
Föreningssekreterare Patrik Larsson föreslog Dan Eriksson och Ingrid Carlqvist. Vilka båda tackade ja till uppdraget.

§ 4 Godkännande av dagordning
Mötet godkände dagordningen.

§ 5 Senaste mötesprotokollet
Information om det senaste mötet, gällande den tillfälliga stadgeändringen inför det kommande årsmötet har kommunicerats till medlemmarna via hemsidan. Ämnet diskuterades och förtydligades även ytterligare i medlemspodden, med inspelningsdatum den 8 december.

§ 6 Religiösa sammankomster i Svenskarnas hus
Styrelsen anser att det inte finns några hinder för religiösa sammankomster i Svenskarnas Hus, även om föreningen i grunden är icke konfessionell.
Magnus Söderman och Robin Holmgren önskade få spela in en medlemspodd där religiositet diskuteras. Daniel Frändelöv föreslogs att agera programledare/moderator av samtalet. Styrelsen beslutade att godkänna Magnus och Robins förslag

§ 7 Familje- och pensionärsmedlemsskap
Föreningen har mottagit flertalet förfrågningar om eventuella familje- och pensionärsmedlemsskap. Mötet är i grunden positivt till detta, och kommer skriva en proposition för det kommande årsmötet att ta ställning till.

§ 8 Informationsmöte i Skåne

Mötet diskuterade förberedelserna av informationsmötet den 27 januari i Skåne. Ingrid Carlqvist samt Magnus Söderman ansvarar för detta möte.

§ 9 Arbetsgrupper

Mötet beslutade att en skribentgrupp ska startas. Ansvarig för denna arbetsgrupp blir Ingrid Carlqvist. Mötet beslutade även att vi ska jobba aktivt för att inom kort kunna bilda ytterligare arbetsgrupper.

§ 10 Övriga frågor

Inga övriga frågor.

§ 11 Mötets avslutande

Dan Eriksson avslutade mötet.

Styrelsemöte 20180131
SVEGOT-DFS

Protokoll fört vid Skype-styrelsemöte för SVEGOT-DFS, 2018-01-31

§ 1 Mötets öppnande
Dan Eriksson välkomnade de närvarande deltagarna och öppnade mötet.

§ 2 Fastställande av närvarande mötesdeltagare
Dan Eriksson, Daniel Frändelöv, Ingrid Carlqvist, Magnus Söderman, Patrik Larsson och Robin Holmgren.

§ 3 Val av justerare
Mötet föreslog Dan och Ingrid. Båda två accepterade uppdraget.

§ 4 Godkännande av dagordning
Mötet godkände dagordningen utan anmärkningar.

§ 5 Senaste mötesprotokollet
Religiösa sammankomster i Svenskarnas Hus: Mötet beslutade att Robin och Magnus skulle spela in en medlemspodd på ämnet. Vilket gjordes.

Familje- och pensionärsmedlemsskap: Mötet beslutade att en proposition angående detta ska skrivas till det kommande årsmötet. Dan tog på sig uppgiften. Propositionen är i mötets stund ej färdigskriven.

§ 6 Genomgång av planeringshelgen i Berlin
Mediesida/mediesatsning: Hela styrelsen stödjer enhälligt förslaget om att skapa en samlingsplats för DFS medlemmars olika medieproduktioner. Förhoppningen är att de olika produktionerna ska hjälpa varandra att få ett större genomslag och en större spridning. Planering och genomförande flyttas ut till en separat arbetsgrupp.

Mediestrategi: Den diskuterade mediestrategin slås ihop med ovan nämnd mediesatsning.

Skrivgruppen: Ingrid föreslår att vi lägger till funktionen "research" till skrivgruppens arbetsuppgifter. **Skriv- och research-gruppen** slås ihop med mediesatsningen. Gruppen består för närvarande av Ingrid och Magnus. Vi gör inga speciella åtgärder i dagsläget för att få gruppen att växa, utan detta låter vi ske organiskt varefter olika kompetenser ansluter sig till DFS.

Årsmöte 2018: (Denna punkt behandlas under en egen separat rubrik).

Almedalen: DFS styrelse kommer vara representerad under hela Politikerveckan i Almedalen på Gotland 1-8 juli. Vi kommer bedriva kampanj, sprida information och aktivt delta i ett antal lämpliga öppna debatter.

DFS-sommarfest: Mötet beslutar att vi ska anordna en medlemsfest under sommaren 2018. Datum och mer detaljer kommer meddelas till våra medlemmar via mail i god tid innan festen. Dan kommer efterlysa hjälp från våra medlemmar angående detta. Dels fysiska platser att anordna denna och liknande arrangemang på, samt busschaufförer med tillgång till bussar för att transportera medlemmarna till och från festen.

Verksamhetsplan: En verksamhetsplan kommer tas fram och presenteras under årsmötet.

Länsföreningar: Vi ser att i samma takt som vår förening växer, kommer det av administrativa och logistiska skäl med tiden krävas att länsföreningar bildas runt om i landet. Vi kommer behöva utarbeta ett regelverk runt detta.
Behovet av ett regelverk är dock inte akut. Hur och vart våra länsföreningar kommer växa fram är först och främst avhängigt vilka personer som visar intresse för att bilda dessa. Vi låter tillväxten av våra länsföreningar växa fram organiskt.

Tillsätta kassör och revisor: Magnus tar på sig uppgiften att bli kassör för föreningen. Vi letar även efter en revisor. Dan efterlyser detta bland våra medlemmar via medlemsbrev.

Sverigeflytt: Den fysiska flytten för Magnus och Dan, samt Motgifts studio hem till Sverige behöver börja planeras. Patrik och Magnus har båda lastbilskörkort. Men vi kommer behöva en del professionell hjälp med detta. Dan efterlyser förare samt lastbilar bland våra medlemmar via medlemsbrev.

Behov av dokumentation av Svenskarnas Hus: Dan påpekar vikten av att framför allt framväxten av vårt första Svenskarnas Hus måste dokumenteras löpande och grundligt. Vi skriver just nu historia, och det behöver dokumenteras för framtiden.

Ordförandeklubba: Magnus önskar att föreningen ska ta fram en unik och imponerande ordförandeklubba till våra möten. Magnus har redan kontakt med en av våra mer konstnärliga medlemmar som kommer hjälpa oss med detta.

Aktiva medlemmar: Magnus har skrivit ett förslag på hur föreningen ska hantera arbetet med att tillsätta aktiva medlemmar. Mötet antar Magnus förslag i sin helhet. Detta dokument kommer snarast möjligt publiceras via föreningens olika kanaler.

Media: Vi har fått en förfrågan från ett större mainstream-medieföretag. De önskar följa oss och vår verksamhet det närmaste året. Vi behöver uppmärksamheten och vi har samtidigt inget att dölja. Därför har vi beslutat att tacka ja till denna förfrågan. Dock kommer vi ställa stora krav på integritet och respekt för våra medlemmar. I de fall mediet är på plats, informeras alla medlemmar om detta redan innan.

Söndagsskola: Vi pratade allmänt om behovet av en framtida söndagsskola i Svenskarnas Hus för våra barn och ungdomar.

Kontantförsäljning: För att ytterligare bredda möjligheterna att värva medlemmar, kan vi ta emot kontant betalning som sedan redovisas till föreningen.

Lokala insatser: Vi pratade allmänt om olika insatser vi som medlemmar i DFS gärna kan delta i. Förslagen är många. Skolskjuts där kommunerna drar in den samhällsservicen. Trygghetsskapande åtgärder vid sena stängningar av butiker, bensinstationer med mera.

§ 7 Årsmöte 2018

Mötet beslutade att det kommande årsmötet ska hållas digitalt. Anledningarna är flera. Dels problemet för oss att hitta en lämplig lokal som vi garanterat kommer kunna använda utan risk att avlysas på kort varsel. Intresset att delta ser även ut att bli stort, och om vi håller mötet över internet, kommer ännu fler kunna delta då vi minimerar behovet av långväga resor för våra medlemmar.
Mötet beslutade dock att själva styrelsen ska vara fysiskt samlad på samma plats.

§ 8 Rapport från arrangemang

Robin, medlemslunch, 13 januari, Stockholm: Robin rapporterar att det deltog runt 30 personer, varav många för honom var helt nya ansikten. Lokalerna var perfekta för ändamålet. Att lösa mat med mera via catering mat var smidigt och väldigt prisvärt.
Robin pratade med flera av deltagarna personligen, och flera framförde känsla av lycka nu när det i DFS äntligen finns ett alternativ för dom att engagera sig. Deltog gjorde en stor variation av människor vad det gäller ålder och profession.
Ingrid och Magnus, informationsmöte, 27 januari, Helsingborg: Ingrid meddelar att det deltog cirka 50 personer, både medlemmar och andra. Deltagarna var i varierande ålder och en förvånansvärt stor andel var kvinnor. Föreningen Nationell Framtid var till ett stort stöd och hjälp, då vi tidigt fick problem med lokalen. Tack vare deras hjälp kunde vi genomföra mötet utan problem.

§ 9 Rapport arbetsgrupper

Inget att rapporetera.

§ 10 Nya arbetsgrupper

Inga nya arbetsgrupper föreslås.

§ 11 Porträtt av givarna

De som donerar riktigt stora summor och värden till DFS, kommer på föreningens bekostnad få sitt porträtt målat. Dessa porträtt kommer sen att placeras på hedersplats i våra Svenskarnas Hus. Dan meddelar att han varit i kontakt med en väldigt duktig konstnär som sympatiserar med våra mål. Mötet beslutade enhälligt att vi ska ge denne konstnär dessa uppdrag.

§ 12 Övriga frågor
Kommande arrangemang

Mötet beslutar enligt följande:

-Ingrid och Daniel, medlemslunch, 10 februari, Stockholm.

-Ingrid och Magnus, informationsmöte, 18 februari, Lund.

-Dan, medlemsmiddag, 23 februari, Stockholm.

-Dan och Daniel, informationsmöte, 24 februari, Göteborg.

Medlemspodd

Mötet beslutar att vårt mål är att sända ett avsnitt av medlemspodden minst efter varje styrelsemöte, därutöver efter behov.

Regelbundna pressmeddelanden

DFS är det svenska folkets röst i Sverige. Vi behöver arbeta upp en rutin för att få ut pressmeddelanden med svar på olika skeenden och politiska händelser utifrån det svenska folkets synvinkel.

Uppföljning arrangemang

I vårt uppdrag ingår att förvalta medlemmarnas tillförda medel på bästa och mest kostnadseffektiva sätt. Vi behöver utarbeta att sätt att kartlägga och följa upp våra olika evenemang. Vad är värt att satsa tid och medel på? Vad betalar sig bäst tillbaks till föreningen?

§ 13 Mötets avslutande

Dan Eriksson avslutade mötet.

Årsmöte 2018 SVEGOT-DFS

Protokoll fört vid webbaserat årsmöte för SVEGOT-DFS, 2018-03-10.

Närvarande (styrelsen 6 st, samt 168 medlemmar)

Dan Eriksson, Daniel Frändelöv, Ingrid Carlqvist, Magnus Söderman, Patrik Larsson och Robin Holmgren samlade i Berlin, samt 168 medlemmar i webbaserat mötesrum.

Mötets öppnande

Ingrid Carlqvist hälsade alla deltagare välkomna och förklarade SVEGOT-DFS årsmöte 2018 öppnat.

§ 1 Fastställande av röstlängd

Röstlängden bestod av Dan Eriksson, Daniel Frändelöv, Ingrid Carlqvist, Magnus Söderman, Patrik Larsson och Robin Holmgren, samt 168 medlemmar.

§ 2 Val av ordförande och sekreterare för mötet

Årsmötet beslutade att välja Dan Eriksson till mötesordförande, samt Patrik Larsson till mötessekreterare.

§ 3 Val av protokolljusterare och rösträknare

Årsmötet beslutade att välja Robin Holmgren till protokolljusterare samt Daniel Frändelöv till rösträknare.

§ 4 Fråga om mötet utlysts på rätt sätt

Årsmötet godkänner på det sätt mötet utlysts.

§ 5 Godkännande av dagordningen

Årsmötet beslutade att godkänna den föreslagna dagordningen.

§ 6

a) **Styrelsens verksamhetsberättelse för det senaste verksamhetsåret**

Dan går igenom 2017 års verksamhetsberättelse. Samtliga medlemmar har även tillgång till denna genom tidigare utskick.

b) **b) Styrelsens förvaltningsberättelse (balans- och resultatberäkning) för det senaste verksamhetsåret**

Magnus presenterar 2017 års förvaltningsberättelse. Samtliga medlemmar har även tillgång till denna genom tidigare utskick.

§ 7 Revisorernas berättelse över styrelsens förvaltning under det senaste verksamhets-/räkenskapsåret

Föreningen har ej ännu tillsatt tjänsterna som revisor/revisorssuppleant.

§ 8 Fråga om ansvarsfrihet för styrelsen för den tid revisionen avser

Mötet beviljar styrelsen ansvarsfrihet för 2017.

§ 9 Fastställande av medlemsavgifter

Styrelsen föreslår att föreningen behåller tidigare fastslagen medlemsavgift på 100 kronor, eller motsvarande, per månad, eller 1200 kronor eller motsvarande per år.
Årsmötet biföll styrelsens förslag.

§ 10 Fastställande av verksamhetsplan samt behandling av budget för det kommande verksamhets-/räkenskapsåret

Dan presenterade föreslagen verksamhetsplan för 2018. Samtliga medlemmar har även tillgång till denna genom tidigare utskick.
Medlem "Nils" begär ordet och frågar varför inte Svenskarnas Hus finns med i verksamhetsplanen.
Ordförande Dan föreslog att Svenskarnas Hus läggs till i verksamhetsplanen.
Mötet biföll föreslagen verksamhetsplan med föreslaget tillägg.

§ 11 Behandling av styrelsens förslag (propositioner) och i rätt tid inkomna förslag (motioner) från medlemmarna

Proposition 1: Familje- och pensionärsmedlemskap
Mötet bifaller proposition 1.

Proposition 2: Kostnaden för ordförandens flytt bör stanna på föreningen
Medlemmen "Nils" begär ordet och vill veta mer i detalj vad det är för utrustning som avses. Dan förklarar i korta drag att det är "Motgift-studion" samt all annan övrig utrustning så som ej ännu använda studiokameror med mera.
Mötet bifaller proposition 2.

Proposition 3: Mindre förtydligande av stadgarna
Mötet bifaller prop 3.

Motion 1: Inköp bildrättighet
Mötet avslår motion 1.

Motion 2: Aktiebolag för att finansiera Svenskarnas Hus
Mötet röstar för bordläggning av motion 2.

Motion 3: Skapande verksamhet bildkonst
Mötet bifaller motion 3.

Motion 4: Trygghetslista
Mötet avslår motion 4.

§ 12 Val av

a) **Föreningens ordförande för en tid av 1 år.**
   Mötet valde Dan Eriksson.

b) **Övriga ledamöter i styrelsen för en tid av 2 år.**
   Tidigare valda styrelsemedlemmar sitter.

c) **Eventuella suppleanter i styrelsen med för dem fastställd turordning för en tid av 1 år.**
   För detta finns för närvarande inget behov.

d) **Vid behov: 1 revisor jämte 1 suppleant för en tid av 1 år. I detta val får inte styrelsens ledamöter deltaga.**
   Mötet valde Tommy Nilsson till revisor, samt Johnny Lindén till revisorssuppleant.

§ 13 Eventuellt övriga frågor som anmälts under punkt 5. Beslut i fråga av större ekonomisk eller annan avgörande betydelse för föreningen eller medlemmarna får inte fattas om den inte varit med i kallelsen till mötet.

Inget utöver det som finns i kallelsen får tas upp och beslutas på årsmötet.

Medlem "Ludde" begärde ordet och undrade om det finns möjlighet att se röstresultat i antal i stället för procent.
Styrelsen undersöker detta inför framtida möten och omröstningar.

§ 14 Mötets avslutande
Ordförande Dan Eriksson avslutade SVEGOT-DFS årsmöte 2018 och passade på att tacka alla deltagare.

Styrelsemöte 20180418
SVEGOT-DFS

Protokoll fört vid Skype-styrelsemöte för SVEGOT-DFS, 2018-04-18

§ 1 Mötets öppnande
Dan Eriksson välkomnade de närvarande deltagarna och öppnade mötet.

§ 2 Fastställande av närvarande mötesdeltagare
Dan Eriksson, Daniel Frändelöv, Ingrid Carlqvist, Magnus Söderman, Patrik Larsson och Robin Holmgren. Samt revisor Tommy Nilsson.

§ 3 Val av justerare
Mötet föreslog Dan och Ingrid. Båda accepterade uppdraget.

§ 4 Godkännande av dagordning
Mötet godkände dagordningen utan anmärkningar.

§ 5 Presentation av revisorerna och genomgång av revisorernas uppgifter
Johnny Lindén: kunde ej närvara under mötet.

Tommy Nilsson: Tommy presenterar sig för DFS styrelse. Han har en gedigen erfarenhet som kassör och revisor. Han har tidigare agerat i bland annat Tryckfrihetssällskapet, Sverigedemokraterna Skåne och Sverigedemokraterna Simrishamn.

Revisorernas uppgift: Det finns inget krav på revisorerna att medverka under föreningens styrelsemöten. De är dock välkomna att delta på alla möten de så önskar. Tommy begär att löpande få ta del av hur föreningen bokför ekonomin, samt få tillgång till föreningens mötesprotokoll. **Ordförande tillser att detta sker.**

§ 6 Senaste mötesprotokoll
Proposition 1: Familje- och pensionärsmedlemskap

Propositionen är genomförd i sin helhet och de nya typerna av medlemskap är numer tillgängliga.

Proposition 2: Kostnaden för ordförandens flytt bör stanna på föreningen

Flytt har ej genomförts. Ingen ytterligare information finns.

Proposition 3: Mindre förtydligande av stadgarna

Beslut i frågan hanteras under § 16 Övriga frågor.

Övriga frågor

På frågan om röstsiffror kan presenteras i antal i stället för procent, är svaret att de kan det. Men först efter mötets avslutande. Styrelsen tillser att dessa siffror blir presenterade för föreningens medlemmar.

§ 7 Kampanjen i sommar "Legalisera pepparspray" 25 juni till 28 juli

7.1 Kampanjmaterial: Magnus presenterar två klistermärken samt en broschyr. Utförande och innehåll godkänns av mötet.

7.2 Kampanjens genomförande: Dan presenterar förslaget om hur kampanjen ska genomföras och vilka delar den kommer bestå av.

7.2.1: Namninsamling: Vi ska genomföra en namninsamling som vars resultat efter kampanjens genomförande överlämnas till justitieministern, de politiska partierna samt medierna. Namninsamlingen kommer ske manuellt samt på internet. För arbetet på internet krävs att en lämplig domänadress inhandlas.
Då frågan är känslig kommer inga namn på listan att offentliggöras. Föreningen tar kostnaden för att Notarius Publicus räknar och vidimerar namninsamlingens storlek.

7.2.2: Informationsbord: Föreningen tar fram ett enklare informationsbord att ställa upp på gator och torg. Vi delar ut flygblad, samlar underskrifter och pratar med intresserade över en kopp kaffe.

7.2.3: Almedalsveckan: Under politikerveckan, 1-8 juli, ställer vi frågor och diskuterar vår kampanj med politiker och andra på plats.

7.2.4: Kampanjlåt: Daniel frågar Kiwi om han kan skapa en låt för kampanjen.

7.2.5: Aktivistpaket: Föreningen erbjuder medlemmar ett gratis kampanjpaket innehållande klistermärken, flygblad samt ett följebrev med information och tips på hur materialet bäst används. Paketet uppskattas kosta 50kr/st plus porto för föreningen.

7.2.6: Kampanjgrupp: Under medlemsmötet den 22 april, tillfrågas deltagarna om de vill medverka i kampanjarbetet.

Mötet godkänner Dans förslag i sin helhet.

§ 8 Sommarfest 2018

DFS Sommarfest 2018 är beslutad att äga rum den 28 juli. Vi har fortfarande problem med att boka lokal eller ett större område att arrangera festen på. Vi jobbar på löpande med detta och vi kommer även vända oss till medlemmarna på de kommande medlemsmötena och fråga om tips och hjälp med detta.
Lokalen/platsen behöver kunna ta emot cirka 200 personer.

§ 9 Almedalen

Det blir fokus på vår kampanj Legalisera Pepparspray under politikerveckan. Vi behöver studera veckans schema och planera vårt arbete därefter. Vi ska försöka identifiera de viktigaste eventen att besöka och försöka påverka och medverka i.
Om vi hittar någon engagerad medlem som vill jobba med kampanjen på plats, kan det

finnas plats över för denne att bo i lägenheten vi har klart med att få låna under veckan på Gotland.

Ingrid, Daniel och Patrik räknar med att närvara hela veckan. Dan kommer delta, men inte hela veckan. Magnus bemannar Svegot samt sköter löpande uppdateringar från vårt arbete på Gotland. Resorna bokas av deltagarna själva.

§ 10 Kommande medlemsarrangemang

Digitalt medlemsmöte, 22 april: Dan, Ingrid och Daniel. Magnus står dock redo att ersätta Dan om han tvingas avvika på kort varsel.

Medlemskväll, Stockholm, 5 maj: Premiär för Björn Björkqvist ståupp-uppträdande.

Medlemsmiddag, Skåne, 19 maj: Ingrid.

Skaldjursfest, Västkusten, 26 maj: Daniel. Kiwi uppträder.

§ 11 Kommande offentliga arrangemang

Kommande offentliga informationsmöten kommer i första hand att hållas digitalt via webinar. Detta är starkt fördelaktigt både ur säkerhetssynpunkt samt för föreningens ekonomi.

§ 12 Profilprodukter

Våra emaljmärken har nu levererats. De finns i två versioner. Heraldiken samt en enklare modell med endast vårdkasen.

Heralidiken är endast tillgänglig för medlemmar. Månadsbetalande medlemmar betalar 100 kronor. Årsbetalande får den utan kostnad.

Den enklare Vårdkasen är en supporterprodukt som finns till försäljning till alla för 100 kronor.

§ 13 Medlemsutvecklingen

Vid tidpunkten för mötet fanns 1030 medlemmar inskrivna i medlemssystemet. Sedan starten har 16 personer aktivt valt att avsluta sitt medlemsskap.

Men vi har ett problem med att så många som närmare 300 personer fått sitt medlemsskap avbrutet på grund av utebliven betalning. Dan har följt upp en del av dessa, och med något undantag, har det saknats pengar på kontot, eller att medlemmen glömt bort att betala in medlemsavgiften manuellt.

Vi kommer ta upp Dans initiativ och mer löpande kontakta de medlemmar vars betalning uteblivit.

§ 14 Rapport från Svegot

Vid tidpunkten för mötet fanns 842 stycken prenumeranter inskrivna i systemet. 600 av dessa är månadsprenumeranter.

Svegot har sedan starten genererat cirka 320 000 kr i intäkter. Ingen på redaktionen, förutom någon enstaka frilansjournalist har hittills tagit ut någon betalning. Intäkterna placeras i stället i en buffert för oförutsedda utgifter. Svegots enda egentliga kostnader ligger för närvarande på IT och serverkostnader.

I april fram till och med detta möte (18 april) har vi haft 56 000 unika besökare och totalt 150 000 besök. I mars hade vi 113 000 unika besökare och totalt 250 000 besök.

Den sammanlagda lyssnartiden per dygn har under de senaste dagarna legat på cirka 1800 timmar.

Arbetet med att ta fram en app som förenklar lyssnade i mobiltelefonen ska vara klar inom en snar framtid.

§ 15 Rapport från kassören

Föreningens ekonomi ser stabil ut. Vi har inga större utgifter planerade. Vi har heller inte några större inkomster på väg in som vi inte känner till. Vi har en liten bit över en miljon kronor i föreningskassan, varav ungefär hälften är öronmärkt till Svenskarnas hus. Föreningens största utgiftsposter ligger i dag på resor, porto och inköp av tryck- och profilprodukter.

En återkommande utgift vi haft i Tyskland är den hjälp vi tagit in för en del administrativa uppgifter på kontoret. Denna utgift föreslås avslutas.

Mötet beslutar enhälligt för att avsluta denna hjälp från och med den 1 maj.

§ 16 Övriga frågor

16.1 Stadgeändring enligt proposition 3 från årsmötet 2018:

Meningen "Kallelse till årsmötet skall av styrelsen senast tre veckor före mötet tillställas medlemmarna på följande sätt; via mail, via brev och på hemsidan" under §14 ändras till 'Kallelse till årsmötet skall av styrelsen senast tre veckor före mötet tillställas medlemmarna på följande sätt; via mail, via brev **eller** på hemsidan".

Mötet beslutar enhälligt att genomföra ovan ändring.

Beslut och reviderad version av stadgarna kommer presenteras på hemsidan samt sändas till föreningens bank.

16.2 Uppsägning av lokalen i Tyskland:

Magnus kommer stanna kvar i Tyskland under en tid efter att Dan flyttat hem till Sverige. Det finns ekonomiska fördelar med att behålla en del av verksamheten i Tyskland under en tid. Kostnaden för medlemsutskicken till exempel, är billigare från Tyskland till Sverige, än att göra dem inom Sverige.

Magnus flyttar hem all sin verksamhet, och därmed kan kontorslokalen i Tyskland sägas upp. På detta sparar föreningen ungefär 10 000 kr/månaden när vi räknat in kostnader för internet, el och uppvärmning.

16.3 www.detfriasverige.se: Förslaget är att vi ska publicera en opinionsartikel

minst en gång i veckan.
Mötet beslutar enhälligt att detta ska vara målet.

§ 17 Mötets avslutande

Styrelsemöte 20180502
SVEGOT-DFS

Protokoll fört vid Skype-styrelsemöte för SVEGOT-DFS, 2018-05-02

§ 1 Mötets öppnande
Dan Eriksson välkomnade de närvarande deltagarna och öppnade mötet.

§ 2 Fastställande av närvarande mötesdeltagare
Dan Eriksson, Daniel Frändelöv, Ingrid Carlqvist, Magnus Söderman, Patrik Larsson och Robin Holmgren. Revisor Tommy Nilsson anslöt efter halva mötestiden.

§ 3 Val av justerare
Mötet föreslog Dan och Ingrid. Båda accepterade uppdraget.

§ 4 Godkännande av dagordning
Mötet godkände dagordningen utan anmärkningar.

§ 5 Senaste mötesprotokoll
5.1 Senast innan nästkommande styrelsemöte ska vi ha hittat en rutin där vi löpande kontaktar medlemmar, vars medlemskap avbrutits på grund av utebliven betalning. Dans tidigare kontakter med dessa medlemmar visar att den uteblivna betalningen med få undantag beror på att det saknats pengar på medlemmens konto, eller att medlemmen glömt bort att betala medlemskapet manuellt. **Alla.**

5.2 Kampanjlåt Kiwi
Vi kontaktar Kiwi igen för att se om han kan hitta inspirationen till en kampanjlåt för legalisering av pepparspray. **Daniel.**

5.3 Emaljmärken till försäljning
Föreningens emaljmärken ligger nu till försäljning. Men det behövs dock nya bilder. Magnus skickar märken till Patrik som ordnar nya foton. **Magnus och Patrik.**

5.4 Uppskov avsluta Jens hjälp på kontoret
Dan önskar få uppskov på det tidigare beslutet att avsluta Jens hjälp på kontoret. Arbetsbelastningen är dock för hög på kontoret inför Dans flytt hem till Sverige. Dan önskar därför behålla hjälpen maj månad ut. **Styrelsen är enig och bifaller Dans begäran.**

§ 6 Kampanjen i sommar
6.1 När domänen är beslutad, går vi vidare och beställer de trycksaker som

godkändes vid det senaste mötet. **Styrelsen bifaller.**

6.2 De domännamn som diskuterats tidigare föreslås beställas. **Styrelsen bifaller.**

6.3 Dan kommer nu att fokusera på att konstruera kampanjens hemsida. Föreslaget innehåll enligt följande: Länkar till tidningsartiklar där pepparspray hade kunnat göra skillnad. Kvinnors berättelser. Pappors berättelser. Uppföljning av våra aktiviteter. Med mera. **Styrelsen bifaller.**

6.4 Dan redovisar de medlemmar som hittills anmält sig till att hjälpa till i kampanjen. Kampanjen inleds under Politikerveckan i Almedalen. Efter den läggs tyngden på informationsbord med mera. Aktivistpaketen bör däremot kunna beställas redan nu. **Styrelsen bifaller.**

6.5 Hela styrelsen uppmanas att söka historier, tweets mm. relaterade till pepparspray. **Alla.**

§ 7 Sommarfesten

7.1 Festplats

Det finns en intressent som gärna ställer upp med område för festen. Ingrid och Daniel besöker denne i slutet på vecka 19. **Ingrid och Daniel.**

7.2 Program

Festen kommer hållas utomhus. Det blir en heldag, förslagsvis mellan 12:00-20:00. Tal ska hållas av både svenskar och någon utländsk gäst som har erfarenhet av projekt likt Det fria Sverige. Kiwi och någon ytterligare trubadur kommer spela. **Styrelsen bifaller.**

§ 8 Almedalen 2018

Vi behöver sända cirka 20 kg kampanjmaterial till Gotland. Vi behöver komma i kontakt med någon som kan stå som adressat. **Daniel och Dan.**

§ 9 Kommande medlemsarrangemang

9.1 Försäljningen till medlemskvällen i Stockholm den 5 maj är avslutad.

9.2 Medlemsmiddag i Skåne den 19 maj. Fortsätt att prata och informera om denna i samtliga poddar. **Alla.**

9.3 Skaldjursfest med uppträdande av Kiwi på Västkusten den 26 maj. Fortsätt att prata och informera om denna i samtliga poddar. **Alla.**

9.4 Det har riktats viss kritik mot att våra luncher, middagar och andra träffar kostar för mycket pengar för att deltagarna. Men då denna kostnad för gästen inte täcker ens självkostnaden för deltagandet, täcker föreningen upp för detta. Föreningen tjänar alltså inte några pengar på dessa evenemang, utan i själva verket är det en kostnad för föreningen. DfS styrelse ser dock detta som en investering. Det är en del i vårt arbete med att bygga upp våra nätverk. Vi måste bli bättre på att prata om detta så att detta inte missförstås. **Alla.**

9.5 Dan och Magnus föreslår att föreningen arrangerar en studie/inspirations-resa för våra medlemmar till Tyskland. Tanken är att visa upp lite av visionen med Det fria Sverige och Svenskarnas Hus. Deltagarna kommer att få se och uppleva det vi vill skapa i verkligheten. Nationella hus, nationella restauranger och social verksamhet som drivs i nationell regi.
Övriga inslag planeras bli: besök på NPDs partihögkvarter för ett möte med partiledaren samt intagande av lunch, samt utflykt på floden Elbe.
Upplägget föreslås likna Motgifts femårsjubileum våren 2017. Medlemmen sköter själv resan till och från Berlin. Därefter sen ingår allt i priset.
De personer som donerat till Svenskarnas hus kommer erbjudas resorna innan övriga.
Styrelsen bifaller. Dan, Magnus och Jens.

§ 10 Kommande offentliga arrangemang

Informationsmöte 13 maj 20:00. Mötet hålls via Webinar. Dan föreslår att vi marknadsför detta via Facebook till personer som gillat Motgift, I&C Det fria Sverige, plus några ytterligare intressanta målgrupper. **Styrelsen bifaller. Dan.**

§ 11 Medlemsutvecklingen

Medlemsutvecklingen ser fortsatt god ut. 20 stycken nya samt 2 avslutade medlemskap sedan senaste styrelsemötet.

§ 12 Rapport från Svegot

Medieprojektet utvecklas och löper på fantastiskt bra. Under mötet tillkom prenumerant nummer 929. Antalet växer med i genomsnitt 5-10 nya per dag. Vi har legat på cirka 10'000 unika besökare varje dag nu i en vecka, och trenden pekar fortsatt uppåt.

§ 13 Rapport från kassören

Ekonomin för föreningen ser fortsatt bra och stabil ut. Vi har sedan den senaste rapporten haft inkomster på 278'000 och utgifterna har varit 130'000. I början av maj låg kassan på drygt 500'000 utöver insamlingen till Svenskarnas hus.
Inga större utgifter planeras.
Revisor Tommy Nilsson har fått sin inloggning för att kunna följa bokföringen.

§ 14 Övriga frågor

Dan frågar styrelsen om hur vi ska ställa oss i frågan om föreningen ska anställa personal eller om vi ska jobba genom fakturering? Styrelsen enas om att det är en fördel för föreningar att inte ha anställda. Dan avbryter därför den pågående registreringen för att bli arbetsgivare. **Dan.**

§ 15 Mötets avslutande

Styrelsemöte 20180515
SVEGOT-DFS

Protokoll fört vid Skype-styrelsemöte för SVEGOT-DFS, 2018-05-15 - 20:00

§ 1 Mötets öppnande
Dan Eriksson välkomnade de närvarande deltagarna och öppnade mötet.

§ 2 Fastställande av närvarande mötesdeltagare
Dan Eriksson, Daniel Frändelöv, Ingrid Carlqvist, Magnus Söderman, Patrik Larsson och Robin Holmgren. Samt revisorerna Tommy Nilsson och Johnny Lindén.

§ 3 Val av justerare
Mötet föreslog Dan och Ingrid. Båda accepterade uppdraget.

§ 4 Godkännande av dagordning
Mötet godkände dagordningen utan anmärkningar.

§ 5 Senaste mötesprotokoll
5.1 Kontakt missade betalningar. Dan tittar på en automatiserad e-post-lösning. Detta ska dock kompletteras med direkt telefonkontakt. Direkt telefonkontakt i större skala måste dock skjutas på tills Dans flytt hem till Sverige är genomförd. **Ansvar Dan.**

5.2 Kampanjlåt Kiwi. Daniel informerade att Kiwi behöver mer detaljerade direktiv att fundera på och jobba med. Några förslag är: ”Rätten att skydda sig.”, ”Legalisera pepparspray!”. **Ansvar Daniel.**

5.3 Nya foton emaljmärken. Patrik påminner Magnus genom mail för att få tillgång till emaljmärken att fotografera. **Ansvar Patrik och Magnus.**

5.4 Inköp kampanj 2018. Domännamn är nu inköpt. Nödvändigt material är beställt. **Ansvar Dan och Magnus.**

5.5 Hitta historier till kampanjen. Det finns mängder med artiklar och berättelser publicerade som är relevanta för kampanjen. Vi letar vidare och sparar dessa för ett framtida användande. **Ansvar alla.**

5.6 Besöka festplats, sommarfesten. Detta besök är ej gjort vid mötestillfället. Daniel uppehåller kontakten. **Ansvar Daniel.**

5.7 Kontakt och assistans på Gotland. Daniel hade ej någon lycka med sina idéer om kontakter. Dan söker efter lämpliga medlemmar i medlemsregistret. **Ansvar Dan och Daniel.**

§ 6 Kampanjen i sommar

6.1 Dan informerar övrig styrelse om det övergripande läget för kampanjen. Domäner är inköpta. Det mesta av materialet har levererats. Nu återstår för Dan att konstruera hemsidan. Den beräknas vara klar i slutet av maj. Så snart Dans flytt hem till fosterlandet är avklarat kommer hans fokus att koncentreras på bland annat kampanjen. **Ansvar Dan.**

6.2 Dan presenterar idén att erbjuda andra mer aktivistiska organisationer att hjälpa till i arbetet. Förslagsvis Nordisk Ungdom och Mynttorgsaktivisterna. Detta i utbyte mot länkar på våra hemsidor med mera. **Ansvar Dan och Daniel.**

§ 7 Sommarfesten

Planeringen av sommarfesten är i stora drag klar. Det som återstår är en garanterad lokalitet för festen. **Ansvar alla.**

§ 8 Almedalen 2018

Planeringen av vårt deltagande i politikerveckan i Almedalen på Gotland är klar. Ingrid och Daniels resor är inköpta. Patrik bekostar sin resa själv. Dan deltar från torsdag till och med söndag. Vi kommer även erbjuda andra mer aktivistiska organisationer att delta. **Ansvar alla.**

§ 9 Kommande medlemsarrangemang

Medlemsmiddag Skåne, 19 maj. Ingrid och Magnus. Samlingsplats klart. 35 personer bokade.

Skaldjursfest Västkusten, 26 maj. Daniel och Ingrid. 28 personer bokade.

Inspirationsresa Tyskland, 23-26 augusti. Redan så här några dagar efter denna resas offentliggörande, har fyra deltagare bokat sitt deltagande.

Digitalt medlemsmöte, 23 maj 20:00. Dan håller ett digitalt medlemsmöte där han informerar vidare om Tysklandsresan i augusti mm.

§ 10 Kommande offentliga arrangemang

För tillfället finns inget offentligt arrangemang inbokat. När väl Dans flytt är genomförd, kommer dessa evenemang prioriteras.

§ 11 Medlemstidning / Medlemshäfte

Magnus presenterar förslaget att föreningen i framtiden bör publicera en medlemstidning/häfte som fysiskt sänds ut till våra medlemmar. Inspirationen är Motgifts tidigare minimagasin. Magnus tror att det långsiktigt är viktigt för oss i föreningen att kunna kommunicera på fler plattformar än endast digitalt. Innehållet föreslås bestå av artiklar från tidningen Svegot, föreningsinformation, evenemangsinformation, försäljning av föreningens olika produkter, reportagen från medlemsevenemang mm.

Kostnaden för föreningen beräknas bli totalt ca: 15 kr/st.

Styrelsen bifaller förslaget, med reservationen att vi ämnar starta en medlemstidning med kvartalsvis utgivning, utan något idag preciserat första utgivningsdatum.

§ 12 Medlemsutvecklingen

Sedan det senaste styrelsemötet har vi fått ytterligare 26 nya medlemmar. 78% av dessa har kommit in direkt på länk från tidningen Svegots hemsida. Under samma tid har en medlem sagt upp sitt medlemskap.

§ 13 Rapport från Svegot

13.1 Allmänt. Chefredaktör Ingrid uppdaterar övrig styrelse om jobbet med tidningen Svegot. Jobbet flyter på fantastiskt bra. Men vi behöver jobba för att normalisera och schemalägga vårt arbete. Idag gör Ingrid, Magnus och Daniel huvuddelen av allt arbete.

Under helgerna ligger publiceringstakten medvetet lägre. Ca 4-5 artiklar per dag. Ingrid ser dock att vi även här kommer behöva schemalägga ansvaret. Detta för att vi alltid ska vara bemannade och snabbt kunna agera när det krävs.

13.2 Statistik. Dan presenterar lite mer detaljerade siffror på tidningens utveckling. Över lag ser vi fortsatt en stabil ökning. Men Dan vill att vi förbereder oss på att vi snart kommer nå ett tak, där tillväxttakten kommer att avta, och förmodligen stabiliseras på en lägre takt.

- Vi har ökat besöken med 44% jämfört med motsvarande tid föregående månad.
- Antalet aktiva prenumeranter är nu 963 st.

13.3 Övrigt. Dan föreslår att vi bör titta på fler kampanjer och eventuell reklam.

- Kampanjen "19 kr/vecka" ger ett gott resultat. 98 stycken har sålts sen starten, 89 av dessa är nu fortsatta prenumeranter.

- Kampanjen "49 kr/månad", 47 stycken har sålts, 42 är fortsatta prenumeranter.

- Kampanjkoden "Fri media" har använts 57 gånger. 46 stycken av dessa har fortsatt sina prenumerationer.

Mötet beslutar att i dagsläget inte satsa några pengar, utan i stället leta bytessamarbeten.

§ 14 Rapport från kassören

14.1 Kassör Magnus har inget speciellt att rapportera vad det gäller ekonomin. Vi ser inga större utgifter och inte heller några större inkomster utöver medlemsavgifter och fortsatta donationer.

14.2 Tidningen Svegot bär idag sina egna kostnader och en buffert håller på att byggas upp.

14.3 Även föreningen bär idag sina egna kostnader. Vi fortsätter på den inslagna vägen och jobbar hårt med att hålla nere utgifterna för att bygga upp en buffert för framtiden. Vid tidpunkten för mötet innehåller föreningens konto ca. 1'250'000 kr.

§ 15 Övriga frågor

15.1 Layout medlemsbladet. Magnus ställer frågan om revisor Johnny Lindén kan vara behjälplig med layout-arbetet i den framtida medlemstidningen. Johnny önskar titta närmare på hur omfattningen av detta uppdrag kan förväntas se ut. Magnus och Johnny pratar ihop sig om detta.

15.2 Opinionsundersökning. Ingrid föreslår att Svegot ska köpa en egen opinionsundersökning inför höstens riksdagsval. Målet är att få svar på frågor som ingen annan ställer. Ingrids förslag är att hon arbetar fram ett paket med frågor och presenterar dessa i ett kommande styrelsemöte för beslut. Kostnaden hos Yougov är 5000:- för den första frågan, sedan ytterligare 2500:- per fråga.

15.3 Föreningspod. Ingrid lyfter frågan om hur Dans planer för DfS föreningspod ser ut. Dan föreslår att den ska ses som en offentlig medlemstidning i podformat. Här ska vi presentera våra ställningstaganden i olika frågor, beskriva vår verksamhet och rekrytera ytterligare medlemmar.

§ 16 Nästa styrelsemöte
Tisdag 5 juni, 20:00

§17 Mötets avslutnade

Styrelsemöte 20180612
SVEGOT-DFS Ideell förening

Protokoll fört vid Skype-styrelsemöte för SVEGOT-DFS, 2018-06-12 - 20:00

§ 1 Mötets öppnande
Dan Eriksson välkomnade de närvarande deltagarna och öppnade mötet.

§ 2 Fastställande av närvarande mötesdeltagare
Dan Eriksson, Daniel Frändelöv, Ingrid Carlqvist, Magnus Söderman, Patrik Larsson och Robin Holmgren. Samt revisorerna Tommy Nilsson och Johnny Lindén.

§ 3 Val av justerare
Mötet föreslog Dan och Ingrid. Båda accepterade uppdraget.

§ 4 Godkännande av dagordning
Mötet godkände dagordningen utan anmärkningar.

§ 5 Senaste mötesprotokoll
5.1 Automatiserad e-postlösning. Den automatiserade e-postlösningen är i drift. Frågan om vi ska jobba för att kunna dela in våra medlemmar efter ålder kom upp. Dan tittar vidare på den frågan.

5.2 Kampanjlåt, Legalisera Pepparsprej. Vi kommer inte kunna presentera en kampanjlåt.

5.3 Emaljmärken. Magnus har skickat emaljmärken till Patrik som fotograferar och skickar förslag för påseende.

5.4 Kontakt Gotland. Ingen kontakt för mottagande av kampanjmaterial är ännu hittad på Gotland.

§ 6 Kampanjen i sommar
6.1 Flygblad och klistermärken klara. Hemsidan blir klar denna veckan. Förslaget med informationsborden går vi inte vidare med. Intresset att delta har varit för lågt samt att Dan inte har möjlighet att prioritera att driva detta just nu. Detta är en bonus som vi släpper vid det här laget.

Det viktiga är nu att jaga namnunderskrifter. Detta kommer ske via Facebook-reklam, fysisk namninsamling, i huvudsak under Almedalsveckan, insamling via webben med mera. Dan kommer även kontakta andra organisationer för att vi ska få hjälp med detta.

Medlemmarna ska inom några dagar kunna beställa sitt kampanjmaterial.

Artiklar skrivs av Dan till Svegot om varför vi gör detta. Ingrid föreslår att vi gör en artikelserie på Svegot om hur respektive parti ställer sig till förslaget. Dan skriver tre frågor som ska ställas till partierna. Ingrid gör artiklarna och publicerar dessa. **Ansvar Dan.**

§ 7 Sommarfesten

En lantlig och härlig lokal är bokad och klar. Dan har besökt och godkänt den. Byggnaden tar 150 personer. Det finns en stor tomt med gott om utrymme för hoppborg, grill mm. Vi har tillgång till den från fredag till söndag under festhelgen.

För tillfället har vi 126 anmälda festdeltagare. Av dessa är 20 stycken barn. 66 personer har bokat buffé.

Flertalet musikinslag för både för barn och vuxna är inbokade. Vi har klart med en stor bredd av olika typer av försäljning. Smidesprodukter, böcker, musik, kosttillskott med mera.

Vi behöver dock ordna filmare och fotografer. Företrädesvis medlemmar som tar sitt ideella ansvar i föreningen. **Ansvar Dan.**

§ 8 Almedalen 2018

Magnus designar kampanjtröjor. Dessa köper vi Print on Demand.

Dan anländer till Almedalen under onsdagen. **Ansvar alla.**

§ 9 Kommande medlemsarrangemang
Medlemsträff Västerås, 30 juni.
Medlemsträff Kalmar, datum ej klart.
Medlemsträff Örebro, datum ej klart.
Sommarhäng för medlemmar och familjer Göteborg, 30 juni. Daniel.
DFS Sommarfest Mellansverige, 28 juli. Hela styrelsen deltar.
Inspirationsresa Tyskland, 23-26 augusti. Fullbokad, 26 deltagare. Resan sker med fyra minibussar med nio personer i varje.

§ 10 Kommande offentliga arrangemang
Inget planerat

§ 11 Medlemstidning / Medlemshäfte

Målet är att ge ut den första utgåvan i augusti innan valet. A4-format och 16 sidor är grundförslaget. Eventuellt 24 inledningsvis på grund av valet. Magnus skissar på innehållet. Johnny sätter layout. Alla funderar på ett namn på tidningen. **Ansvar Magnus och Johnny.**

§ 12 Medlemsutvecklingen
Under juni har vi ökat med drygt en medlem per dag. Ingen har hört av sig och

önskat utträde. Utvecklingen fortsätter att vara positiv trots att vi inte gjort så stort väsen av oss. När Dan nu flyttat hem, kommer vi se en ökning i aktiviteter.

§ 13 Ansökningar aktivt medlemskap

Det har inkommit två ansökningar för aktivt medlemsskap. Dan kontaktar dessa två snarast för att gå vidare i antagningsprocessen enligt våra stadgar.

§14 Rapport från Svegot

En ny rutin med morgonmöten är etablerad. Ingrid, Magnus och Daniel går igenom dagens jobb under ca 15-20 minuter. Detta har ökat både effektivitet och skapat en jämnare ström i publiceringar.

Ekonomin ser stabil ut och vi är på god väg att arbeta upp en pålitlig buffert.

I dagsläget 1022 stycken aktiva prenumeranter. Tillväxten ligger på 2-3 nya per dag.

Aldrig under 7-8000 unika besökare per dag.

§ 15 Rapport från kassören

Inga större in- eller utgifter. Sommarfesten kommer bli en större utgift. En del investeringar behöver göras inför festen. Bland annat ett par aktiva högtalare. Mixerbord med mera har vi redan.

Svegot bär idag sig själv ekonomiskt. Dan som tidigare avlönats av Svegot, flyttar över till föreningen.

§16 Svenskarnas hus

Sedan förra mötet har vi varit med och budat på ett objekt. Men vi hade ingen möjlighet att matcha buden. Vi tittar vidare och får löpande in tips på projekt från våra medlemmar.

§ 17 Övriga frågor

Ingrid presenterade en bokidé. Hon går vidare med den med Maria. **Styrelsen beslutar att vi ska genomföra Ingrids idé.**

Förslag om att föreningen ska investera långsiktigt i fysiska värden. Detta för att bygga värde över generationer. Exempelvis genom metaller. Proposition förbereds för att förslaget ska behandlas under kommande årsmöte.

§ 18 Nästa styrelsemöte

Tisdag 26 juni - 20:00

§19 Mötets avslutande

Medlemmarna ska inom några dagar kunna beställa sitt kampanjmaterial.

Artiklar skrivs av Dan till Svegot om varför vi gör detta. Ingrid föreslår att vi gör en artikelserie på Svegot om hur respektive parti ställer sig till förslaget. Dan skriver tre frågor som ska ställas till partierna. Ingrid gör artiklarna och publicerar dessa. **Ansvar Dan.**

§ 7 Sommarfesten

En lantlig och härlig lokal är bokad och klar. Dan har besökt och godkänt den. Byggnaden tar 150 personer. Det finns en stor tomt med gott om utrymme för hoppborg, grill mm. Vi har tillgång till den från fredag till söndag under festhelgen.

För tillfället har vi 126 anmälda festdeltagare. Av dessa är 20 stycken barn. 66 personer har bokat buffé.

Flertalet musikinslag för både för barn och vuxna är inbokade. Vi har klart med en stor bredd av olika typer av försäljning. Smidesprodukter, böcker, musik, kosttillskott med mera.

Vi behöver dock ordna filmare och fotografer. Företrädesvis medlemmar som tar sitt ideella ansvar i föreningen. **Ansvar Dan.**

§ 8 Almedalen 2018

Magnus designar kampanjtröjor. Dessa köper vi Print on Demand.

Dan anländer till Almedalen under onsdagen. **Ansvar alla.**

§ 9 Kommande medlemsarrangemang

Medlemsträff Västerås, 30 juni.

Medlemsträff Kalmar, datum ej klart.

Medlemsträff Örebro, datum ej klart.

Sommarhäng för medlemmar och familjer Göteborg, 30 juni. Daniel.

DFS Sommarfest Mellansverige, 28 juli. Hela styrelsen deltar.

Inspirationsresa Tyskland, 23-26 augusti. Fullbokad, 26 deltagare. Resan sker med fyra minibussar med nio personer i varje.

§ 10 Kommande offentliga arrangemang

Inget planerat

§ 11 Medlemstidning / Medlemshäfte

Målet är att ge ut den första utgåvan i augusti innan valet. A4-format och 16 sidor är grundförslaget. Eventuellt 24 inledningsvis på grund av valet. Magnus skissar på innehållet. Johnny sätter layout. Alla funderar på ett namn på tidningen. **Ansvar Magnus och Johnny.**

§ 12 Medlemsutvecklingen

Under juni har vi ökat med drygt en medlem per dag. Ingen har hört av sig och önskat utträde. Utvecklingen fortsätter att vara positiv trots att vi inte gjort så stort väsen av oss. När Dan nu flyttat hem, kommer vi se en ökning i aktiviteter.

§ 13 Ansökningar aktivt medlemskap

Det har inkommit två ansökningar för aktivt medlemsskap. Dan kontaktar dessa två snarast för att gå vidare i antagningsprocessen enligt våra stadgar.

§14 Rapport från Svegot

En ny rutin med morgonmöten är etablerad. Ingrid, Magnus och Daniel går igenom dagens jobb under ca 15-20 minuter. Detta har ökat både effektivitet och skapat en jämnare ström i publiceringar.

Ekonomin ser stabil ut och vi är på god väg att arbeta upp en pålitlig buffert.

I dagsläget 1022 stycken aktiva prenumeranter. Tillväxten ligger på 2-3 nya per dag.

Aldrig under 7-8000 unika besökare per dag.

§ 15 Rapport från kassören

Inga större in- eller utgifter. Sommarfesten kommer bli en större utgift. En del investeringar behöver göras inför festen. Bland annat ett par aktiva högtalare. Mixerbord med mera har vi redan.

Svegot bär idag sig själv ekonomiskt. Dan som tidigare avlönats av Svegot, flyttar över till föreningen.

§16 Svenskarnas hus

Sedan förra mötet har vi varit med och budat på ett objekt. Men vi hade ingen möjlighet att matcha buden. Vi tittar vidare och får löpande in tips på projekt från våra medlemmar.

§ 17 Övriga frågor

Ingrid presenterade en bokidé. Hon går vidare med den med Maria. **Styrelsen beslutar att vi ska genomföra Ingrids idé.**

Förslag om att föreningen ska investera långsiktigt i fysiska värden. Detta för att bygga värde över generationer. Exempelvis genom metaller. Proposition förbereds för att förslaget ska behandlas under kommande årsmöte.

§ 18 Nästa styrelsemöte

Tisdag 26 juni - 20:00

§19 Mötets avslutande

Styrelsemöte 20180626
SVEGOT-DFS Ideell förening

Protokoll fört vid Skype-styrelsemöte för SVEGOT-DFS, 2018-06-26 - 20:00

§ 1 Mötets öppnande

Dan Eriksson välkomnade de närvarande deltagarna och öppnade mötet.

§ 2 Fastställande av närvarande mötesdeltagare

Dan Eriksson, Daniel Frändelöv, Ingrid Carlqvist, Magnus Söderman, Patrik Larsson och Robin Holmgren. Samt revisorerna Tommy Nilsson och Johnny Lindén.

§ 3 Val av justerare

Mötet föreslog Dan och Ingrid. Båda accepterade uppdraget.

§ 4 Godkännande av dagordning

Mötet godkände dagordningen utan anmärkningar.

§ 5 Senaste mötesprotokoll

Inget.

§ 6 Kampanjen i sommar

Kampanjmaterialet levereras nu. 5000 flygblad till Mynttorgsaktivisterna och Nordisk Ungdom. 5000 till Almedalen Gotland. 10000 till Berlinkontoret.

Facebook-reklamen rullar på och ger ett bra gensvar. Vi bör hitta fler inflytelserika personer som gillar detta och sprider vårt viktiga budskap.

Ansvar Dan.

§ 7 Sommarfesten

Allt arbete med detta går enligt våra planer. Det är dock svårt med boenden i direkt närhet till festplatsen. Vi hänvisar deltagarna till närmaste stad. För de som inte åker bil går det flertalet bussar dit på kvällen. Den sista bussen för kvällen går 00:30.

Festdeltagarna kommer mötas 12:00. Exakt mötesplats meddelas via telefon.

Ansvar Dan.

§ 8 Almedalen 2018

Tyvärr är kampanjtröjorna sena från tryckeriet. Dan tittar på en alternativ lösning av frakten.

Skrivplattor för insamlande av underskrifter är inköpta. Vi behöver dock ta fram namnlistor. Dan skapar listor och skickar till Patrik för utskrift.

Vi har även fått veta att SR-journalisten som följer oss sen tidigare i år även hon är på plats. **Ansvar Dan och Magnus.**

§ 9 Kommande medlemsarrangemang

Medlemsträff Västerås: 30 juni.

Medlemsträff Göteborg: 30 juni. Sommarhäng för medlemmar och familjer Göteborg, 30 juni. Daniel är på plats.

Medlemsträff Stockholm: 4 juli. Fika- och planeringskväll.

Webinar: 3 juli, 20:00. Magnus och Dan håller i detta.

Releasefest Stockholm: 11 juli. "Från Sverige till Absurdistan"

Sommarfest Mellansverige: 28 juli. Hela styrelsen deltar.

Medlemsresa Tyskland: 23-26 augusti. Inspirationsresa. Fullbokad, 26 deltagare. Resan sker med fyra minibussar med nio personer i varje.

Vi tittar även på möjligheterna att anordna medlemsträffar i Skåne och Dalarna.

§ 10 Kommande offentliga arrangemang

Inget planerat.

§ 11 Medlemstidning / Medlemshäfte

Mötet diskuterade flera namnförslag; Det Fria Magasinet. Magasinet, Det Fria Sverige med flera. Vi tar inget beslut förrän vi sett layoutförslag från Johnny på magasinets framsida.

Magasin nummer ett, som ska ges ut i augusti inför valet kommer ha fokus på politikerveckan i Almedalen samt riksdagsvalet i september. **Ansvar Magnus och Johnny.**

§ 12 Medlemsutvecklingen

Vi fortsätter att öka med cirka en ny medlem per dag. En person har sagt upp sitt medlemsskap Men ej av missnöje, utan av andra personliga skäl.

Vid mötets tidpunkt var vi 1110 medlemmar.

§ 13 Ansökningar aktivt medlemskap

Vi har sedan det förra mötet nu två ansökande under utredning.

Ytterligare ett par kandidater har visat intresse och deras ansökningar ska vara på väg in. Målet med rekryteringarna av aktiva medlemmar är dock inte att nå en stor kvantitet, utan kvalitet.

§14 Rapport från Svegot

Ingrid får ordet och informerar om utvecklingen av redaktionens arbete: Ett arbetsschema har formaliseras. Detta gäller Magnus, Daniel och Ingrid själv. Nu täcks hela dagen in, samt även inledningen på den kommande. Även ett rullande helgschema med jour är implementerat.

Redaktionen har diskuterat möjligheterna att sända korta radionyheter varje hel timme under dagen. Förslagsvis cirka 3 minuter. För att detta ska bli möjligt behöver fler än Magnus och Daniel kunna sända.

Serien med sommarpratare startar den 9e juli.

Även ett personligt redaktionsmöte mellan Ingrid, Daniel, Magnus och Maria ska planeras in.

Vid mötet hade Svegot 1036 aktiva prenumeranter.

§ 15 Rapport från kassören

Föreningen har sedan det senaste mötet haft en större utgift. Vi har inför sommarfesten köpt in flaggor, flaggstänger och fötter till dessa. Vi ser detta som en bra och nödvändig investering för även framtida evenemang. Kostnaden var totalt 10'000 kr.

Dan föreslog att han ska sända över även bankkontoutdrag månadsvis till Tommy för att han enklare ska få en helhetsbild och löpande kunna stämma av att in- respektive utgifter.

Insamlingen till Svenskarnas Hus är nu uppe i 617'000 kr.

§16 Svenskarnas hus

Dan föreslår att vi skapar en arbetsgrupp för inköpet av Svenskarnas Hus. Denna Husgrupp ska aktivt hålla koll på intressanta objekt och gå på visningar med mera. När de hittar något som kan vara intressant, presenteras detta för styrelsen. **Mötet bifaller Dans förslag.**

§ 17 Policydokument rörande utgifter vid arbete med föreningen

Efter diskussion föreslogs en mindre justering under rubriken "Kostnader för resa". **Mötet godkände föreslaget policydokument.**

§ 18 Övriga frågor

Magnus föreslog att Johnny bjuds in till Svegot-slack för jobbet med medlemsmagasinet med mera. **Mötet bifaller Magnus förslag.**

§ 19 Nästa styrelsemöte

10 juli - 18:00

§20 Mötets avslutande

Styrelsemöte 20180626
SVEGOT-DFS Ideell förening

Protokoll fört vid Skype-styrelsemöte för SVEGOT-DFS, 2018-07-10 - 18:00

§ 1 Mötets öppnande
Dan Eriksson välkomnade de närvarande deltagarna och öppnade mötet.

§ 2 Fastställande av närvarande mötesdeltagare
Dan Eriksson, Daniel Frändelöv, Ingrid Carlqvist, Magnus Söderman och revisorn Tommy Nilsson

§ 3 Val av justerare
Mötet föreslog Dan och Ingrid. Båda accepterade uppdraget.

§ 4 Godkännande av dagordning
Mötet godkände dagordningen utan anmärkningar.

§ 5 Senaste mötesprotokoll
Inget att följa upp som inte kommer under egen punkt.

§ 6 Kampanj "Pepparsprej"
Gensvaret har varit mycket bra generellt sett. Material har distribuerats bland medlemmar och mycket delades ut under Almedalsveckan

Beslut fattades om att låta kampanjen fortsätta framöver eftersom den är viktigt. Fler artiklar om ämnet ska också skrivas (bland annat bemöta de vanligaste motargumenten) och vi ska hänvisa till kampanjen såväl från Svegot som Det fria Sverige.

§ 7 Sommarfesten
Planeringen börjar bli klar. Intresset har varit stort och festen är fullbokad.

§ 8 Almedalen 2018
Svegotredaktionen har inte haft utvärderingsmöte i skrivande stund utan återkommer till styrelsen med utvärdering senare.

Planering för nästa års deltagande tar fart omgående och Daniel Frändelöv tar fram en checklista.

§ 9 Kommande medlemsarrangemang
Releasefest Stockholm: 11 juli. "Från Sverige till Absurdistan"

Sommarfest Mellansverige: 28 juli. Hela styrelsen deltar.
Medlemsresa Tyskland: 23-26 augusti. Inspirationsresa. Fullbokad, 26 deltagare.
Valvaka planeras.

§ 10 Kommande offentliga arrangemang
Inget planerat.

§ 11 Medlemstidning / Medlemshäfte
Arbetet fortskrider.

§ 12 Medlemsutvecklingen
Medlemsutvecklingen är positiv och jämn.

§ 13 Ansökningar aktivt medlemskap
Inga nya ansökningar sedan senaste mötet.

§14 Rapport från Svegot
Arbetet fortskrider, nya prenumeranter kommer till och responsen från läsarna är bra.

§ 15 Rapport från kassören
Inga större oplanerade utgifter eller intäkter finns att redovisa.

§16 Svenskarnas hus
Svenskarnas hus-gruppen har inte blivit sjösatt ännu. Arbetet fortskrider med det.

§ 17 Omstrukturerings av arbetsfördelningen
Arbetsfördelningen mellan föreningen och Svegot har varit ojämn och diskussioner kring hur detta ska rättas till fördes. Dan Eriksson föreslog en tillfällig lösning som styrelsen fattar beslut om inom kort.

§ 18 Övriga frågor
Inga övriga frågor.

§ 19 Nästa styrelsemöte
Inget datum för nytt möte sattes.

§20 Mötets avslutande

Styrelsemöte 20180731
SVEGOT-DFS Ideell förening

Protokoll fört vid Skype-styrelsemöte för SVEGOT-DFS, 2018-07-31 - 20:00

§ 1 Mötets öppnande
Dan Eriksson välkomnade de närvarande deltagarna och öppnade mötet.

§ 2 Fastställande av närvarande mötesdeltagare
Dan Eriksson, Daniel Frändelöv, Magnus Söderman, Patrik Larsson och Robin Holmgren ur styrelsen. Samt revisor Tommy Nilsson.

§ 3 Val av justerare
Mötet föreslog Dan och Magnus. Båda accepterade uppdraget.

§ 4 Godkännande av dagordning
Mötet godkände dagordningen utan anmärkningar.

§ 5 Senaste mötesprotokoll
Checklista för planeringen av kommande års deltagande under Politikerveckan i Almedalen på Gotland upprättas. **Ansvar Daniel.**

1. Ansöka om plats. Kvadratmeterpriset för hyra ligger på mellan 100-230 kr/m2/dag. För den yta vi behöver från måndag till och med torsdag borde kostnaden hamna på ca 10 000 kr.

2. Vi måste vara ute i god tid för att boka färja. Speciellt om vi ska ha en bil/husbil med oss?

§ 6 Förändringar i styrelsen
6.1 Ingrid Carlqvist har på egen begäran lämnat Det fria Sveriges styrelse samt förening. Motiveringen är att hon vill jobba vidare med sin nyväckta kärlek för journalistiken. Därför önskar hon stå helt fri och utan begränsande lojaliteter. **Styrelsen bifaller enhälligt Ingrids önskan om utträde.** Ingrid jobbar dock vidare juli månad ut på Svegot.

Ordförande föreslår att föreningen erbjuder Ingrid ytterligare två månaders betalning från Svegot utan krav på motprestation. Detta för att Ingrid ska få en bra och säkrare start på sina nya engagemang. **Styrelsen bifaller enhälligt Dans förslag om ytterligare ersättning.**

Vi offentliggör utträdet den 1a augusti. Ingrid skriver själv om detta.

6.2 En ny vice ordförande behöver utses. Magnus Söderman nominerar Patrik Larsson. Patrik accepterar nomineringen. **Styrelsen väljer enhälligt Patrik till föreningens nye vice ordförande.**

§ 7 Sommarfesten

Hittills har föreningen endast mottagit lovord för Sommarfesten. Detta genom flertalet fina tackbrev via e-post och andra digitala hälsningar. Vi kan även konstatera att vi lyckades hålla tidsschemat tack vara alla de fantastiska funktionärer som engagerade sig.

Ekonomi: Festen gick med ett underskott på cirka 5000:-. Syftet var dock inte heller att stärka föreningens ekonomi, utan inledningsvis var det en ersättning för det uteblivna fysiska årsmötet tidigare i år.

Idéer på förbättringar: Först och främst behöver vi en större lokal. Efterfrågan på biljetter översteg vida tillgången.

Vi behöver en bättre och mer genomtänkt organisering av alla funktionärer. Vem gör vad? Schema för avlösning med mera.

Konstateras kan även att det inte fanns tillräckligt med tid för styrelsemedlemmarna att föra dialog med medlemmar som önskade det. Detta är förmodligen följden av att vi försökt klämma in för många aktiviteter under för kort tid. Under omständigheterna blev det ändå riktigt bra. Men vi får ta med detta i beräkningarna inför kommande arrangemang.

Förslag på att fördjupa samarbete: Magnus föreslår att vi ska försöka fördjupa och utveckla samarbetet med den säkerhetsgrupp som hjälpte oss under festen. **Övrig styrelse bifaller förslaget.**

§ 8 Kommande medlemsarrangemang

Tjejträff Stockholm, 19 augusti. Den vanliga platsen är inte tillgänglig. Dan tittar på ett alternativ. Inledningsvis planerades Ingrid och Lana Lokteff medverka. Nu återstår Lana via Skype. **Ansvar Ida.**

Medlemsträff Linköping, 1 sept: Planeringsmöte och middag. **Ansvar lokala medlemmar.**

Medlemsresa Tyskland, 23-26 augusti. Inspirationsresa. Fullbokad, 26 deltagare. Resan sker med fyra minibussar med nio personer i varje.

Önskemål om medlemsträffar i Skåne och Dalarna. Sänd medlemslista för Dalarna till Patrik för bearbetning.

Återkommande webinars återupptas.

§ 9 Kommande offentliga arrangemang

Inget offentligt arrangemang är inplanerat. Vilket även gärna kan vänta till efter höstens val. Samtliga funderar över och presenterar framöver idéer på kommande möte, konferenser och webinars. **Ansvar alla.**

§ 10 Medlemstidning / Medlemshäfte

Arbetet flyter på och kommer stå färdigt i tid.
Ansvar Magnus och Johnny.

§ 11 Medlemsutvecklingen

Vi har fortsatt en långsam men stabil medlemstillväxt. En medlem har begärt utträde sedan det senaste mötet. I dagsläget har föreningen inget behov av en snabbare tillväxt på bredden. Vi behöver först och främst vårda och utveckla den medlemsskara vi har.

§ 12 Ansökningar aktivt medlemskap

Inga nya ansökningar har inkommit. De två medlemmar som tidigare sökt, är under fortsatt utredning.

§13 Rapport från Svegot

Daniel informerar. Dan, Magnus och Daniel håller redaktionsmöten nu varje morgon. Arbetsgrupperna för Svegot respektive föreningen är nu sammanlänkade och arbetar inte separat.

Magnus önskar att föreningen ska kopplas närmare tidningen Svegot. Detta genom att bland annat länka fler artiklar till och från respektive medier.

Svegot har i dagsläget 1040 betalande prenumeranter.

Arbetet med att skapa en mediagrupp där medlemmar ingår ska påbörjas.

§ 14 Rapport från kassören

Föreningen gjorde i juli ett överskott på 83 931 kr, varav ca 67 000 är donationer till Svenskarnas Hus.

Vi kommer dock göra vår första månad med ett minusresultat. Totalt ca 40 000 kr. Anledningarna till detta är utgifter i samband med Tysklandsresan och sommarfesten.

Hittills i år ligger vi plus cirka 530'000 kr.

§15 Svenskarnas hus

Arbetet med att skapa en arbetsgrupp av medlemmar för Svenskarnas Hus ska inledas. **Ansvar Dan.**

§ 16 Pepparsprejskampanjen - vad nu?

Kampanjen rullar sakta men säkert på. Medlemmar och andra arbetar vidare med att kampanjs via klistermärken och flygblad.

§ 17 Uppförandekodex för aktiva medlemmar

Robins presenterade skrift justeras enligt mötets förslag. Vidare arbete sker via styrelsens interna forum.

§ 18 Övriga frågor

18.1 Dan anser att föreningen i väntan på det första Svenskarnas Hus behöver en tillfällig lokal för föreningens verksamhet. Hittills har respektive styrelsemedlemmars hem fungerat som kontor, studio, redaktion, lager, tillfälligt boende med mera. Detta är inte en lösning som kommer fungera i längden.

Förslaget är att hyra en lägenhet. Det annonseras precis nu en lokal i lämpligt läge. Hyran är 4245kr/mån. De kostnader som tillkommer utöver detta är försäkring, hushållsel och internetabonnemang mm. En total kostnad torde ligga på maximalt 5500kr/mån. Dan föreslår att föreningen hyr denna lokal. **Mötet bifaller Dans förslag.**

18.2 Kontoret i Tyskland behöver återställas inför återlämningen den sista augusti. Det som behöver göras är att spackla och måla om lokalen. Magnus önskar därför att föreningen bekostar professionella hantverkare för detta, i stället för att han ensam under många dagar ska göra detta jobb. Då föreningen behöver hela Magnus engagemang för hans arbete med föreningen och Svegot, **bifaller mötet Magnus önskan.**

18.3 Sverigedemokraten och fotografen Marcus Möller har valt att fortsätta driva frågan om ersättning på 11 250:- för användandet av en påstått stulen bild på Eddie Ek, i samband med dennes övergång från SD till Alternativ för Sverige. Ärendet är nu lämnat vidare till Patent och Marknadsdomstolen i Stockholms tingsrätt. **Mötet beslutar att fortsatt bestrida Möllers orimlig krav.**

§ 19 Nästa styrelsemöte

14 aug - 20:00

§20 Mötets avslutande

Styrelsemöte 20180828
SVEGOT-DFS Ideell förening

Protokoll fört vid Skype-styrelsemöte för SVEGOT-DFS, 2018-08-28 - 19:00

§ 1 Mötets öppnande
Dan Eriksson välkomnade de närvarande deltagarna och öppnade mötet.

§ 2 Fastställande av närvarande mötesdeltagare
Dan Eriksson, Daniel Frändelöv, Patrik Larsson och Robin Holmgren ur styrelsen. Samt revisor Tommy Nilsson.

§ 3 Val av justerare
Mötet föreslog Dan och Daniel. Båda accepterade uppdraget.

§ 4 Godkännande av dagordning
Mötet godkände dagordningen utan anmärkningar.

§ 5 Senaste mötesprotokoll
5.1 Politikerveckan i Almedalen 2019. Daniels jobb med att reda ut tidigare väckta frågor fortskrider.
5.2 Utarbetande av en grafisk profil. Ansvarig Magnus är inte närvarande.

§ 6 Kommande medlemsarrangemang (Inkl. internetmöten)
6.1 Medlemsträff Linköping, 1 sept. Fullbokad.

§ 7 Kommande offentliga arrangemang (Inkl. internetmöten)
Alla offentliga arrangemang skjuts fram till efter valet.

§ 8 Medlemstidning / Medlemshäfte
Johnny och Magnus inte närvarande. **Ansvar Magnus och Johnny.**

§ 9 Medlemsutvecklingen
Sedan det senaste mötet har vi fått fem nya medlemmar. Samtidigt har ingen sagt upp sitt medlemsskap.

§ 10 Ansökningar aktivt medlemskap
Inga nya ansökningar. De personer som ansökt sedan tidigare, är under fortsatt utredning.

§ 11 Rapport från Svegot

11.1 Arbetet med att bygga om hemsidan www.svegot.se har startat. Detta kommer ske i etapper. Målet är en varmare framtoning.

11.2 Svegot Resonerar ska vidareutvecklas. Frågan är om programmen ska låsas eller var öppna.

§ 12 Rapport från kassören

12.1 Vid mötestillfället har föreningen totalt ca. 1 200 000 kr på kontot.

12.2 Alla stora utgifter för månaden är betalda.

12.3 Vi har därmed fortsatt en trygg och säker buffert för föreningens verksamhet.

§ 13 Svenskarnas hus

13.1 Vid mötestillfället är totalt 761'000 kr insamlat. Bara den senaste månaden har vi fått in hela 112'000 i donationer.

13.2 Arbetsgruppen för Svenskarnas Hus kommer nu kommande vecka att kallas av Dan till ett första internetmöte. Dan startar även en Slack för föreningens arbetsgrupper inklusive Svenskarnas Hus.

§ 14 Utvärdering Tysklandsresan

Resan har hittills fått idel lovord. Fantastiskt innehåll. Otroligt prisvärt. Samt att Jens är en organisatorisk förebild.

§ 15 Uppförandekodex för aktiva medlemmar

Dokumentet är nu klart för publicering.

§ 16 Övriga frågor
16.1 Organisatorisk struktur.

Vi har behov av att sätta en organisatorisk struktur. Dan föreslår ett fysiskt möte för styrelsen, aktiva medlemmar samt personer som är under utredning för att bli aktiva medlemmar. Platsen föreslås bli lägenhetskontoret. Preliminärt datum 13-14 oktober. En idé är att även anordna "Vän av Svegot"-middag i samband med detta.

§ 17 Nästa styrelsemöte
11 sept - 19:00

§ 18 Mötets avslutande

Styrelsemöte 20180918 och 25
SVEGOT-DFS Ideell förening

Protokoll fört vid Skype-styrelsemöte för SVEGOT-DFS, 2018-09-18 - 20:00

§ 1 Mötets öppnande

Ordförande Dan uteblev från mötet(18/9) på grund av sjukdom. Vice ordförande Patrik Larsson ersatte, och välkomnade de närvarande deltagarna och öppnade mötet.

Det ordinarie mötet kompletterades med ett kortare möte den 25 oktober där Dan Eriksson medverkade.

§ 2 Fastställande av närvarande mötesdeltagare

18 oktober: Robin Holmgren , Daniel Frändelöv, Magnus Söderman och Patrik Larsson ur styrelsen. Samt revisor Tommy Nilsson.

25 oktober: Robin Holmgren , Daniel Frändelöv, Magnus Söderman, Patrik Larsson och Dan Eriksson ur styrelsen.

§ 3 Val av justerare

Mötet föreslog Daniel och Magnus. Båda accepterade uppdraget.

§ 4 Godkännande av dagordning

Mötet godkände dagordningen utan anmärkningar.

§ 5 Senaste mötesprotokoll

Inga punkter som inte kommer tas upp i ordinarie dagordning.

§ 6 Kommande medlemsarrangemang (Inkl. internetmöten)

6.1 I takt med att fler och fler lokala event, träffar och möten arrangeras behöver vi avgränsa vad som rent praktiskt ska hanteras av styrelsen. Tack vare medlems-Slacken verkar arrangemangen tagit fart. Drivande är glädjande nog många gånger de som ansökt om aktivt medlemsskap i föreningen. Framgent protokollförs endast de större event som styrelsen initierar.

6.2 Den 25e november och därmed föreningens ettårsjubileum närmar sig. En idé på hur vi ska uppmärksamma detta, är att styrelsen uppmuntrar och uppmanar till lokala samlingar av medlemmar och mannaförbund att arrangera ett tändande av en vårdkase detta datum. I år infaller vårt födelsedatum på en söndag. Vårdkasar tändes på lördagen 24 november. Vi önskar se vårdkasar brinna från norr till söder i vårt avlånga land. Vi sprider denna händelse via sociala medier med mera. Använd #vardkase, #dfs och #detfriasverige.

6.3 Övriga händelser under slutet av 2018

6 oktober: Familjeträff, Stockholm

13 oktober: Familjeträff och middag, Karlstad

20 oktober: Konferens med Dan och Hugin, Örebro

21 oktober: Självförsvarskurs för kvinnor, Stockholm

27-28 oktober: Fiske- och vildmarkshelg, Östergötland

6 november: Hedrande av Gustav Adolf den Stores dödsdag, Lützen, Tyskland

30 november: Hedrande av Karl XII dödsdag 300 år, Stockholm

§ 7 Kommande offentliga arrangemang (Inkl. internetmöten)

2 oktober 19:00: Internetmöte. Dan presenterar föreningen.

§ 8 Medlemstidning / Medlemshäfte

8.1 Nummer ett av medlemsmagasinet Svensk Strävan är klar. Det som nu återstår är korrekturläsning innan den kan lämnas till tryckeriet.

8.2 Magnus presenterar hur arbetet med magasinet inledningsvis ska genomföras. Vi ger ut max 3 nummer per år. Detta för att förenkla frågor runt ansvarig utgivare med mera. Styrelse och övriga som vill bidra, skriver artiklar löpande. Dessa läggs i en pott ur vilken Magnus plockar artiklar för att skapa framtida utgivningar.

§ 9 Medlemsutvecklingen

Efter valet har vi fått 41 nya medlemmar. Samtidigt som endast en har sagt upp sitt medlemskap.

§ 10 Ansökningar aktivt medlemskap

Vi har mottagit ytterligare tre ansökningar om ett aktivt medlemskap. Alla tre godkändes, och är under utvärdering.

§ 11 Rapport från Svegot

11.1 Redaktionen börjar hitta rutiner och arbetssätt som passar medarbetarna och de mål vi satt upp. En ytterligare justering är att från och med kommande vecka(39), kommer morgonsändningarna att utökas till totalt två timmar.

11.2 Timme ett fortsätter som tidigare med att nyheter presenteras och diskuteras. Timme två blir mer lättsam med gäster, teman och fördjupningar med mera. Timme två är fri vid sändningstillfället. Annars krävs en prenumeration. Målet är även att timme två ska bli en sändning med bild.

§ 12 Rapport från kassören

Medlemsavgifter och donationer fortsätter att betalas in. Vi har inte haft några större utgifter och investeringar. Vi har därmed fortsatt en trygg och säker buffert för föreningens verksamhet.

I slutet av september betalas även Ingrids sista lön, därmed är den utgiften borta.

§ 13 Svenskarnas hus

13.1 Vi har nu passerat 850'000 i insamlingen till vårt första Svenskarnas Hus.

13.2 Svenskarnas Hus arbetsgrupp är igång och jobbar hårt. Vi kommer titta på, och som det ser ut vara med och bjuda på ett antal objekt den närmaste tiden.

13.3 Det har blivit tydligt att så fort att vi påminner om donationer till Svenskarnas Hus, så ger det ett omedelbart resultat och därmed ökar våra valmöjligheter vad det gäller fastigheter i samma takt.

§ 14 Planeringshelg 12-14 oktober

Alla i styrelsen ser ut att kunna medverka dessa datum. Mötet beslutar därför att spika föreslagen helg.

§ 15 Strategi och fokuspunkter efter valet

Detta kommer avhandlas grundligt under den kommande planeringshelgen.

§ 16 Övriga frågor

Inget.

§ 17 Nästa styrelsemöte

23 oktober 19:00

§ 18 Mötets avslutande

Styrelsemöte 20181204
SVEGOT-DFS Ideell förening

Protokoll fört vid Skype-styrelsemöte för SVEGOT-DFS, 2018-12-04

§ 1 Mötets öppnande
Dan Eriksson välkomnade de närvarande deltagarna och öppnade mötet.

§ 2 Fastställande av närvarande mötesdeltagare
Dan Eriksson, Daniel Frändelöv, Magnus Söderman, Patrik Larsson och Robin Holmgren ur styrelsen samt revisor Tommy Nilsson.

§ 3 Val av justerare
Mötet föreslog Magnus och Daniel. Båda accepterade uppdraget.

§ 4 Godkännande av dagordning
Mötet godkände dagordningen utan anmärkningar.

§ 5 Senaste mötesprotokoll
Inget behövde följas upp.

§ 6 Utvärdering arrangemang sedan senaste mötet
Många lokala firanden varvades med ett antal större. Dan Eriksson säger att det behövs fler professionella fotografer för kommande arrangemang. Detta diskuterades vidare i "Resursbank". Fler styrdokument är efterfrågade från medlemmar för att anordna arrangemang. Dan Eriksson tar fram policydokument kring de ekonomiska frågorna för arrangemang. Uppföljning och sammanställning är viktigt. **Ansvar Dan**

Diskussion kring lokala kassor för att underlätta kontanthantering. Detta kommer att följas upp vid nästa styrelsemöte.

Diskussion kring fördelar och nackdelar med lokala föreningar, arbetsgrupper, intresseföreningar. Detta kommer att följas upp vid nästa styrelsemöte.

Magnus säger att det finns ett stort sug efter prylar på föreningens arrangemang. Magnus skriver ett dokument med förslag på prylar. **Ansvar Magnus**

§ 7 Kommande arrangemang
Två arrangemang kommande helg.
Ett arrangemang i januari i Stockholm.

§ 8 Medlemstidning / Medlemshäfte
Medlemstidning utskickad. Responsen har hittills varit mycket positiv. Nästa nummer bör ges ut efter årsmötet 2019. Vissa förändringar kommer att ske till nästa utgivning. Diskussion kring om vi även ska erbjuda tidningen som en pdf-fil för de som inte vill ha den fysiska tidningen.

§ 9 Medlemsutvecklingen
Sedan senaste mötet har närmare 300 nya medlemsansökningar kommit in.

§ 10 Rapport från Svegot
Arbetet fungerar bra. Radiosändningen kommer att förändras till årsskiftet. Svegot går med vinst. Svegot är nu avstängda från att sända live på youtube under 90 dagar. Det finns alternativ som vi tittar på.

§ 11 Rapport från kassören
Vi har en mycket god ekonomi i vår förening. 1 210 000 kr totalt, 567.000 kr öronmärkta för svenskarnas hus, 643.000 kr i föreningskassan.

§ 12 Svenskarnas hus
En raketstart! Inväntar el-abonnemanget, och detta drar ut på tiden. Dräneringen fortsätter.

§ 13 Resursbank
Vi ska underlätta samordningen mellan olika kompetensgrupper. **Ansvar Dan**

§ 14 Övriga frågor
En ny ansökning om aktivt medlemskap.

Presentation av årsbok vid årsmötet. Årsboken skall innehålla en personlig betraktelse. Nämnda personlig betraktelse skall vara skickad till Magnus senast slutet på februari. **Ansvar alla**

§ 15 Nästa styrelsemöte
Efter årsskiftet.

§ 16 Mötets avslutande

Styrelsemöte 20190116

SVEGOT-DFS Ideell förening

Protokoll fört vid Skype-styrelsemöte för SVEGOT-DFS, 2019-01-16

§ 1 Mötets öppnande

Dan Eriksson välkomnade de närvarande deltagarna och öppnade mötet.

§ 2 Fastställande av närvarande mötesdeltagare

Dan Eriksson, Daniel Frändelöv, Magnus Söderman, Patrik Larsson och Robin Holmgren.

§ 3 Val av justerare

Mötet föreslog Magnus och Daniel. Båda accepterade uppdraget.

§ 4 Godkännande av dagordning

Mötet godkände dagordningen utan anmärkningar.

§ 5 Senaste mötesprotokoll

Resursbanken är fortfarande under uppbyggnad.

Magnus har tagit fram förslag på prylar. Dan och Daniel bestämmer.

Påminnelse att samtliga i styrelsen ska skicka in en personlig betraktelse av året med DFS till Magnus i slutet av februari.

§ 6 Utvärdering arrangemang sedan senaste mötet

Ett evenemang i Stockholm var mycket uppskattat och en enkätundersökning från Stockholmsmedlemmarna har anlänt till styrelsen.

§ 7 Kommande arrangemang

Digitalt medlemsmöte 23 januari samt fyra andra aktiviteter planerade.

§ 8 Medlemstidning / Medlemshäfte

Planerad utgivning slutet på april.

§ 9 Medlemsutvecklingen

Medlemsutvecklingen har stått relativt stilla sedan senaste styrelsemötet. Vi kommer att starta en kampanj för att förbättra medlemsutvecklingen.

§ 10 Rapport från Svegot

966 betalande prenumeranter. Överlag gott mottagande på den nya morgonradio-satsningen. Dan ska få prenumerants-rss att fungera igen.

§ 11 Rapport från kassören

Ca 1,2 miljoner kr på kontot varav ca 500.000 kr i husfonden. Likviditeten är god.

§ 12 Svenskarnas hus

Grävandet fortsätter, strömmen ska komma närsomhelst.

§ 13 Hyra av lokaler

Medlemsmötet beslutar om hyra av fastighet för övernattning i Älgarås

§ 14 Inför årsmöte 2019

Aktiva medlemskap diskuterades.

Viktiga datum rörande årsmötet: motionsstopp 2 mars, kallelse till årsmöte 9 mars, styrelsens yttrande på samtliga motioner 23 mars, årsmöte 30 mars

§ 15 Övriga frågor

Inga övriga frågor

§ 16 Nästa styrelsemöte

Onsdag 13februari

§ 17 Mötets avslutande

Kontaktinformation

SVENSKARNAS HUS:
Västra Långgatan 29
545 72 ÄLGARÅS

FÖRENINGEN:
Det fria Sverige (DFS)
Box 541
114 79 STOCKHOLM

BANKGIRO:
729-1404

SWISH:
1235105762

HEMSIDOR:
Föreningen:
detfriasverige.se

Huset:
svenskarnashus.se

Webbtidning:
svegot.se

Webbradio:
radiosvegot.se